강 같은 세상은 온다
영산강 물줄기를 따라서

강 같은 세상은 온다

초판1쇄 찍은 날 | 2011년 11월 28일
초판1쇄 펴낸 날 | 2011년 11월 30일

지은이 | 박성천
펴낸이 | 송광룡
펴낸곳 | 문학들
등록 | 2005년 8월 24일 제2005 1-2호
주소 | 501-841 광주광역시 동구 학동 81-29번지 2층
전화 | 062-651-6968
팩스 | 062-651-9690
전자우편 | munhakdle@hanmail.net

ISBN 978-89-92680-55-4 03810

• 잘못된 책은 바꿔드립니다.

강 같은 세상은 온다

영산강 물줄기를 따라서

부질없는 삽질과 무모한 개발의 논리로는 감당할 수 없는 무애와 겸애의 풍광. 시리도록 아픈 강물소리와 이름 모를 새들의 그악스런 울부짖음과 풀꽃 같은 사람들의 깊은 한숨. 비록 가물가물 아른거려도 강 같은 세상은 오기 마련이다. 그리하여 나는 사람과 마을이, 강과 바다가 범박한 아름다움으로 하나가 되는 세계를 감히 꿈꾼다.

박성천 지음

문학들

|프롤로그|

강은 그렇게 말했다. 고요히 먼 곳으로 흐르라고…….

계획하지 않고도 스스로 물길을 내며 흘러가는 강물은 위대하다. 모든 살아있는 생명의 텍스트며 모든 자존을 지닌 자들의 내밀한 호흡이기 때문이다.

그대여, 혹여 예상치 못한 인생의 물굽이를 만나 넘어지거나 휩쓸릴지라도 슬퍼할 일만은 아니다. 우리 곁엔 늘 스스로 길을 열어 더 깊고 낮게 흐르는 순정한 강이 있으므로.

저물녘, 나는 강가에 서서 볼 수 없고 노래할 수 없는 그 너머의 많은 것들에 대해 생각했다. 바람난 개처럼 하루 종일 강 언저리를 싸돌아다니다 돌아오면 밤새 불면에 시달렸다. 이유 없이 찾아오는 두통에 시름시름 앓기도 했다. 그러다 이내 또렷하게 밀려오는 안개 너머의 것들과 조우하곤 했다. 시리도록 아픈 강물소리와 이름 모를 새들의 그악스런 울부짖음과 풀꽃 같은 사람들의 깊은 한숨을 들으며, 나는 부끄러웠고 절망했다.

2009년 봄부터 2010년 겨울까지 그렇게 영산강 인근을 떠돌았다.

강에 대한 그리움과 영원히 변하지 않아야 할 것에 대한 기원이 이 기행의 시작이었다. 강은 계절의 변화와 무관하게 여일하게 흐르고 저물었다. 담양 죽녹원의 아늑한 대숲, 소담한 풍광의 극락강역, 영산포의 비릿한 홍어의 거리, 목포의 입암반조(笠巖返照) 갓바위공원은 강이 부려놓은 찬란한 풍경화였다.

거기에는 부질없는 삽질과 무모한 개발의 논리로는 감당할 수 없는 무애아 겸애이 풍광이 깃들이 있었다. 비록 가물가물 아른거려도 강 같은 세상은 오기 마련이다. 그리하여 나는 사람과 마을이 강과 바다가 범박한 아름다움으로 하나가 되는 세계를 감히 꿈꾼다.

마지막으로 2009~2010년에 걸쳐 기행 시리즈를 목포시민신문에 실을 수 있도록 배려를 해준 유용철기자에게 고마움을 전한다. 후배 기자여, 원고 마감을 닦달하던 그대가 나의 가혹한 스승이다.

2011년 늦가을에
박성천

|목차|

프롤로그 • 04

01. **영산강의 시원, 용소**_ 잊어라, 버려라…… 바람의 속삭임 • 08
02. **가마골~담양호**_ 꽃이 핀 산성의 불가해함 • 18
03. **메타세쿼이아길~관방제림**_ 강과 길 그리고 사람 • 26
04. **죽녹원과 담양천**_ 대숲, 저편의 또 다른 나라 • 34
05. **수북과 봉산고을**_ 병풍산 아래 순한 마을들 • 42
06. **한재골과 담양습지**_ 푸른 초록의 세상! • 50
07. **광주첨단지구**_ "나를 키운 건 팔할이 영산강" • 58
08. **거진나루터**_ 오늘도 기다리다 가노라 • 68
09. **동림지구**_ 산동교 건너 퐁네프에 가면 • 76
10. **광주 풍영정과 극락강역**_ 강물소리 싣고 극락으로 떠나는 열차 • 82
11. **광주 상무지구**_ 영원한 청춘의 도심 • 90
12. **서창 들녘**_ 서쪽 곡창을 적시는 저 강줄기 • 96
13. **나주 남평 지석강(드들강)**_ 엄마야 누나야 강변 살자 • 102
14. **목사골 나주**_ 천년고도 '소경(小京)'의 숨결 • 112
15. **나주 영산포**_ 저잣거리에 삽상한 정취 흐르고 • 122

16. 영산포 홍어의 거리_ 홍어의 귀환을 기다리며 • 128

17. 다시(多侍) 천연염색박물관_ 천년비색 바람에 나부끼다 • 136

18. 나주 영상테마파크_ 황포돛배를 타고 주몽의 시대로 • 146

19. 함평 학교(鶴橋)와 사포나루_ 저 서늘하고도 수긋한 물비늘! • 156

20. 함평 엄다 자산서원_ 이 땅의 선비들은 들어라! • 164

21. 무안 항공우주전시장_ 광대한 우주이 차륵! • 174

22. 무안 몽탄 식영정_ 흐드러진 배꽃 바람에 흩날리고 • 182

23. 무안 회산연꽃방죽_ 진흙에서 꽃을 피워내는 순백의 힘! • 190

24. 무안 일로, 김시라와 품바타령_ 욕망의 세상을 향한 일침 • 196

25. 무안 주룡포와 상사바위_ 신화가 되어버린 슬픈 영혼들 • 202

26. 영암 마한문화공원_ 청동인들의 잃어버린 꿈! • 208

27. 영암 구림마을_ 월출산의 영험한 광배(光背)가 서린…… • 216

28. 영암 농업박물관_ 농도는 천하지대도(農道天下之大道)! • 224

29. 목포 갓바위공원_ 노을에 물든 한 폭의 수채화 • 230

30. 목포 유달산_ 사공의 뱃노래가 들리는가 • 236

01. 영산강의 시원, 용소

잊어라, 버려라…… 바람의 속삭임

가마골은 영산강의 시원인 용소가 태동한 골짜기다. 노령산맥의 허리춤에 해당하는 이 골짜기는 흔히 남도의 젖줄이라는 질박한 수사로 명명된다.

삼월 초순 바람은 차가웠다. 매서운 한기에 양 볼이 얼얼하다. 남녘의 매화가 꽃망울을 터트렸다는 화신은 가마골의 풍경과는 거리가 멀었다. 바람은 차고 거칠어 허공을 퍼렇게 멍들일 만큼 위세가 만만치 않다. 잘록하게 뻗은 도로를 따라 걸으며 나는 바람이 전하는 말을 듣는다.

잊어라, 잊어라, 버려라, 버려라…… 마음을 비우지 않고는 강의 시원을 보지 못하리니. 이따금씩 앙상한 나뭇가지 사이로 이름 모를 새들의 울음소리가 정밀하게 밀려온다. 낯선 객에 대한 경계인가, 외로움을 토해내는 가멸찬 몸부림인가.

꽃도 피지 않고 인적도 드문 이때의 가마골을 나는 좋아한다. 호젓하면서도 쓸쓸한 무채색의 풍경이 오랜 벗을 마주하는 듯한 담백한 여운을 주기 때문이다. 돌아보니 내게 삼십대의 봄은 봄이 아니었다. 서른 살 이후의 봄은 단 한 번도 따스하지 않았던 것 같다. 넘어지고, 일어서기를 반복하며 나는 허허롭던 삼십대의 시간을 강물처럼 흘러왔다.

운 좋게도 아니 불행하게도 나는 대학을 졸업한 이후 서너 개의 직업을 전전했다. 신문기자, 미디어강사, 무명작가, 대학강사로 명함을 바꿔가며 밥벌이를 했다. 무엇하나 또렷이 윤곽이 잡히는 게 없었다. 굳건히 뿌리내리지 못한 부표의 경험은 무참하고 비루했다. 그러나 상실이 악수하며 선네는 핍절의 경험이 없었다면 지금의 나는 세상의 그늘에는 도통 무관심한 그저 그런 소시민이 되어 있을 것이다.

물의 산화는 관능을 넘어 생명의 신비를 일깨우고

가마골은 영산강의 시원인 용소(龍沼)가 태동한 골짜기다. 노령산맥의 허리춤에 해당하는 이 골짜기는 흔히 남도의 젖줄이라는 질박한 수사로 명명된다. 용소로 이어지는 길은 어떤 보화의 광휘보다도 찬란하고 소박하다. 좌편으로 흐르는 실팍한 물줄기를 따라 억만의 세월을 비껴 다듬어진 크고 작은 돌들이 보인다. 살아서는 빛을 보지 못한 가난한 예술가의 청정한 영혼을 보는 듯하다.

시린 바람이 불어와 연신 휑한 가슴을 젓는다. 시원, 용소, 젖줄 그리고 전설……. 허투루 삶을 살지 않는 이들의 입술에는 결코 가벼이 올려 질 말이 아니다.

용연교를 지나 마침내 용소에 다다른다. 영산강의 시원, 용소라는 표지석이 보인다. 가뭄 탓인지 예년에 비해 수량이 턱없이 적고 물빛마저 탁하다. 관리사무소에 들러 연유를 물었더니 작년 여름에 내린 폭우로 토사가 유실돼 정비작업을 하기 때문이란다. 아닌 게 아니라 저편 너머로 하늘을 향해 팔을 치켜든 굴삭기가 보인다. 제방 아래엔 인절미 모양의 커다란 바위가 흩어져 있고 굴삭기 기사는 퍼즐 게임을 하듯 바위를 빈 공간에 채운다.

용추폭포의 물줄기는 떨어져 내린다기보다 솟구치는 분수 같다. 완

용추폭포의 물줄기는 떨어져 내린다기보다 솟구치는 분수 같다. 완만한 곡선을 따라 굽이쳐 내리는 물의 산화는 관능을 넘어 생명의 신비를 일깨운다.

반한 곡선을 따라 굽이쳐 내리는 물이 산하는 관능을 넘어 생명의 신비를 일깨운다. 수십만 개의 물방울이 소로 합일되는 그 찰나의 순간, 비로소 남도의 젖줄이 태동한다.

오랜 옛날 담양고을에 풍류를 좋아하는 현령이 있었는데 그는 부임하자마자 관속들에게 수려한 장소를 추천토록 명했단다. 그러자 한 관원이 다음과 같이 아뢰었다. 옛날 임금이 태자와 내려와 잠시 추월산하에 머무르다 해용으로부터 받은 피리를 불었다. 그런데 갑자기 구멍 하나가 떨어져나가는 바람에 용으로 변해버렸다. 엎친 데 덮친 격으로 하늘로 승천하던 용이 그만 계곡의 바위에 부딪쳐 떨어져 그 자리에 못이 생기게 되었다. 관원의 말을 들은 현령은 다음날 연못에 가자고 명한다. 그러나 그날 밤 현령의 꿈에 백발이 성성한 신령이 나타나 내일은 자신이 승천을 하니 못에 오지 말라고 경고를 한다. 현령은 이를 무시하고 그곳에 가고 만다. 현령 일행이 골짜기에 도착하자 갑자기 하늘이 흐려지고 물이 용솟음치더니 황룡이 솟아 오른다. 얼마쯤 지났을까. 하늘을 향해 오르던 황룡은 그만 계곡의 바위에 부딪쳐 피를 토한 채 죽게 되고 이를 목격한 현령도 그 자리에서 즉사하고 만다.

용소에 관한 전설은 여느 지역의 폭포에나 있을 법한 얘기다. 그러나 가마골은 신비의 전설보다 뼈아픈 역사를 간직한 현장으로 더 알려져 있다. 소설 『남부군』의 배경이 되기도 했던 이곳은 6·25때 가장 치열하

혹여 출렁, 출렁거리는 삶 앞에 직면해 있다면 이 다리를 건너 새 힘을 얻을 일이다.

고 처참했던 전투가 벌어졌던 격전지다. 용소 맞은편에 세워진 표지석에 당시의 정황이 세세히 기록되어 있다. 1950년 북한의 유격대 패잔병들이 가마골에 집결한 당시부터 이후 5년여에 걸쳐 국군과 빨치산 긴에 1천여 명이 넘는 사상자가 발생했다. 피의 계곡이라는 상흔의 이름은 그것에서 연유했을 것이다.

혹여 주위의 나무들은 이름도 없이 죽어간 이들의 영령이 메마른 뼈로 환생하여 저렇듯 성성하게 솟아올랐을지 모를 일이다. 왜 아름다운 풍광 이면에는 예외 없이 상흔이 존재하는가? 왜 고결한 미는 지난한 역사를 배경으로 꽃피는가? 용추봉을 연결한 출렁다리를 건너며 나는 역설의 미학과 상흔의 현재성에 대해 생각한다.

출렁다리는 그 폭이 겨우 한사람 지날 수 있을 정도다. 춘양이가 그

용추사로 가는 길은 그 어떤 길도 필적하지 못할 숨은 매력이 있다. 차 한 대 겨우 지날 정도지만 지그재그로 이어지는 길은 사뭇 이국적이다.

네를 타는 심정으로 출렁다리를 걷는다. 붉은색 철제 난간 사이로 찬바람이 불어온다. 출렁다리 오른편에 아담한 팔각정이 보인다. 전면에 시원정이라고 쓰인 현판이 걸려 있다. 이곳에 있으면 용소에서 불어오는 시원의 바람을 그대로 호흡할 수 있다. 잠시나마 일상의 생각과 무게를 털고 가마골 바람에 몸을 맡긴다. 혹여 출렁, 출렁거리는 삶 앞에 직면해 있다면 이 다리를 건너 새 힘을 얻을 일이다.

지그재그 길 너머 이국적 풍경이……

용추사로 가는 길은 멀고 낯설다. 가마골은 숱하게 왔지만 산사로는 초행이다. 매표소 앞 이정표에서 오른쪽으로 5킬로미터. 가느다랗고 좁은 아스팔트가 산허리를 휘돌아가고 있었다. 차 한 대가 겨우 지날 정도지만 지그재그로 이어진 길은 사뭇 이국적이다.

용추사로 가는 길은 그 어떤 길도 필적하지 못할 숨은 매력이 있다. 어디선가 본 듯한 풍경이다. 포시테 마을과 아마드! 수년 전 이란의 압바스 키아로스타미라는 감독이 만든 영화「내 친구의 집은 어디인가」에서 보았던 길의 이미지가 떠오른다.

영화는 시골 초등학교에서 숙제 검사를 둘러싸고 벌어지는 상황을 어린아이의 순수한 눈으로 그려낸다. 주인공 아마드는 짝꿍인 네마자데가 숙제를 하지 않아 선생님의 꾸중을 듣고 우는 모습을 안타깝게 지켜본다. 방과 후 아마드는 가방에서 똑같은 모양의 두 권의 공책을 발견하고 네마자데가 사는 마을 포시테를 향해 간다. 그러나 그 마을에는 여러 명의 네마자네가 산다는 사실만을 확인할 뿐 친구의 집은 어느 곳에도 없다.

어린아이들의 눈을 통해 드러나는 삶은 내밀한 꿈과 열망이 뒤섞인 불가해한 세상 그 자체다. 원래 삶이란 이해되거나 해석되는 텍스트는 아니다. 그저 그렇게 살아내는 것이 일반적인 삶

용추사 보호수.

용추사는 여느 산사에나 있을 법한 일주문도, 사천왕문도, 칠성각도 없다. 이곳에선 세속의 번뇌니 해탈의 경지니 하는 말들은 어울리지 않는다. 단출한 여백이 주는 맑은 기운만이 경내에 가득 고여 있을 뿐이다.

의 모습이다.

　용추사로 가는 길에서, 나는 영화 속 그 지그재그 길을 떠올린다. 그 길과 용추사로 가는 길은 무엇이 같고 무엇이 다른가. 그리고 내가 걸어가야 할 인생의 길은 무엇인가. 외길이다, 위태롭다 하여 돌아갈 수 없는 게 인생길이다. 어쩌면 타고난 운명으로 줄타기를 해야 하는 광대처럼, 가느다란 실에 매달려 춤을 춰야 하는 마리오네뜨 인형처럼, 우리는 저마다의 길 위에서 자신만의 춤을 추어야 하는 존재인지 모른다.

　용추사는 용면 용연리 용추봉에 위치한 산사로 서기 523년 혜총과 혜증 두 스님이 창건했다고 전해진다. 임란 이후 소요대사가 중창을 했으나 6·25때 소실돼 현재는 법당과 요사채만 남아 있다. 여느 산사에나 있을 법한 일주문도, 사천왕문도, 칠성각도 없다. 이곳에선 세속의 번뇌니 해탈의 경지니 하는 말들은 아무래도 어울리지 않는다. 단출한 여백이 주는 맑은 기운만이 경내에 가득 고여 있을 뿐이다.

　절 주변은 오통 회색빛이다. 마당이 넓찍해서인지 친불전, 요사채가 사뭇 떨어져 있다는 느낌을 준다. 귓가를 맴도는 풍경소리는 맑고 청아하다. 요사채 너머로 시누대밭이 보인다. 불어오는 바람에 푸른빛이 일렁인다. 푸른 파도가 춤을 춘다. 겨우내 사람 발길이 거의 닿지 않아 산중의 절간은 고요하다 못해 쓸쓸하다. 주지스님도 출타 중인지 아무런 기척도 없다. 홀로 조난당한 기분이 드는 건 순전히 혼자라는 이유 때문일 것이다. 맑은 볕 사이로 삼월 초순의 시린 바람이 이마를 훑고 지나간다. 나는 잠시 가마골 이름 없는 산사에서 길 너머의 삶과 시원을 생각한다.

02. 가마골~담양호

꽃이 핀 산성의 불가해함

　　가마골에서 나와 추월산 방면으로 향한다. 날씨는 흐리고 어깨에 멘 배낭은 무겁다. 김광석의 노래 「일어나」가 나와 동행한다. 온 종일 그 노랫말이 입술에 붙어 떨어지지 않는다. 한번쯤 인생의 여정에서 넘어져본 이들은 안다. 다시 일어난다는 것이 얼마나 고통스럽고 가혹한 일인가를.

　　"인생이란 강물 위를 끝없이 부초처럼 떠다니다가 어느 고요한 호숫가에 닿으면 물과 함께 썩어가겠지······."

　　푸른 삼십 대에 세상을 등진 김광석의 노래에는 철학이 있다. 진정이 담겨 있다. 그러나 아이러니하게도 그의 「일어나」를 듣고 많은 이들은 일어났지만, 정작 그는 한 떨기 풀꽃처럼 스러져버렸다. 그의 죽음은 가인(歌人)의 삶에 드리워진 낭만적 서정과 생의 불가해함이 빚어낸 결과인지 모른다. 타인에게는 깊은 울림이었을 노래가 정작 자신에게는 가혹한 고문이 될 수도 있다는 사실은 우리를 불편하게 한다.
　　삼월 중순에서 하순으로 접어드는 이즈음, 남도는 그곳이 어디든 싱싱

금성산성에서 바라본 담양호. 흐린 날씨 때문에 눈앞에 펼쳐진 전경이 사뭇 몽환적이다.

추월산에서 담양호로 이어지는 도로는 단아한 길의 결정체다. 산머리를 따라 곡선의 미가 내밀하게 드러나 있다.

한 기운으로 넘쳐난다. 한나절 발품을 팔다보면 그 사실과 마주하게 된다. 소나무, 자작나무, 편백의 숲 사이로 붉은 얼굴을 내민 진달래, 거리를 따라 하염없이 고개를 늘어뜨린 노란 개나리, 큼지막한 눈송이를 단 목련이 바람에 몸을 뒤채일 때, 남도라는 이름의 소박한 캔버스엔 여느 곳에서는 볼 수 없는 화려한 소묘가 펼쳐진다. 더할 나위없는 눈부신 경이다.

　추월산에서 담양호로 이어지는 도로는 단아한 길의 결정체다. 산허리를 따라 곡선의 미가 내밀하게 드러나 있다. 정교한 굴곡의 바위가 하늘을 향해 도열해 있고 어깨를 맞댄 봉우리는 주위의 풍경과 은근한 조화를 이룬다. 모든 게 갑자기 하늘에서 떨어져 박힌 듯 정밀하고 단아하다.

　담양호 너머로 기계톱소리가 쉴 새 없이 밀려온다. 멀지 않는 곳에서 벌목을 하나 보다. 윙윙거리는 소리에 온 산이 흔들린다. 나무와 바위가 흔들리고 골짜기마저 흔들린다. 겨울 가뭄으로 예년에 비해 수량이 그리 많지는 않지만 물은 더없이 맑고 푸르다. 불어오는 바람에 창백한 수면이 잔물결로 출렁인다. 섬세한 수면 위로 수줍은 봄꽃이 다투듯 피어오르는 듯하다.

그 많던 빙어는 어디로 사라졌을까. 투명한 물고기의 몸놀림이 머릿속에 그려진다. 담양호의 빙어는 겨울 산행에서 맛볼 수 있는 최고의 진미다. 그 만큼 물이 맑다는 얘기다. 언젠가 내장이 훤히 보이는 그 파리한 물고기를 초장에 찍어 곡주와 곁들이다가 문득, 미감에 버무려지는 잔인함에 놀라 치를 떨었던 적이 있다. 그 파리한 몸피 속에 깃들인 생명의 순환성이 뇌리를 파고들었다.

한때 물처럼 살고 싶다는 생각을 한 적이 있다. 강물처럼 살자, 아니 강물처럼 흐르자. 내 아이디에 'gangmul'이라는 철자가 들어 있는 것은 어쩌면 내면 깊은 곳에 자리한 강에 대한 동경 때문인지 모른다. 그러나 돌아보면 나는 강물처럼 살지 못했으며 내 삶 또한 물처럼 흐르지 아니하였다. 아니 못 하였다.

김광석의 노래처럼 지난 시간은 '강물 위를 끝없이 부초처럼 떠다니다가 어느 고요한 호숫가에 닿으면 물과 함께 썩어' 가던 시절이었다. 그 시절 나의 정신은 얼마나 피폐하였던가. 누군가 정신이란 삶을 온전히 드러내는 유일한 길이라고 다소 관념적인 언어로 정의하였을 때, 코끝이 시린 나머지 하늘을 하염없이 바라보았던 적이 있다. 내 마음에 쓸쓸한 강이 흐르고 있었음을 보았던 것이다.

동학농민군 전적지와 전봉준의 비애

　어서 빨리 금성산성(金城山城)에 올라 담양호를 바라보고 싶다. 한두 방울 떨어지는 빗방울을 아랑곳하지 않고 산성을 향해 잰걸음을 옮긴다. 금성산성 가는 길에 봄꽃은 보이지 않고 빗방울만 긋는다.
　꽃과 산성. 부조화의 상징이자 조화를 초극해버린 기제의 결합이다. 꽃이 핀 산성은 불가해한 공간이다. 꽃과 칼, 꽃과 총보다 그것의 의미는 결코 가볍지 않다. 이곳에서 피아는 무의미한 편 가르기에 지나지 않을 것 같다.
　동학농민혁명군 전적지 기념비 앞에서 묵상하듯 비문을 읽는다. 지난 2007년 담양향토문화연구회에서 세운 기념비는 전봉준(全奉準)을 위시한 농민군의 활약상과 장렬한 최후를 기록하고 있다.
　1894년 담양, 광주, 장성, 순창 지역의 1천여 명에 달하는 동학 농민군이 관군에 밀려 금성산성으로 오게 된 게 그해 12월이었다. 기세 좋게 승전을 올리던 초창기와 달리 전황은 급변하고 있었다. 사방이 포위된 데다 식량마저 바닥을 드러냈다. 농민군은 더 이상 물러설 곳이 없었다. 전봉준은 순창군 쌍치면의 옛 친구에게 식량지원을 부탁하기 위해 밤길을 나섰다. 벗이라면 사면초가에 빠진 농민군에게 도움의 손길을 내밀어 줄 거라 믿었다. 그러나 사람은 믿음의 대상이 아니라는 사실을 그는 알지 못했다. 전봉준은 가장 가까운 친구의 밀고로 관군에게 붙잡히고 만다. 결국 농민군은 마지막까지 처절한 저항을 하다 이곳에서 죽거나 체포되기에 이른다.
　동학의 시대적 배경과 전투의 참상을 열거하고 싶지는 않다. 갑오년

금성산성 돌탑에는 갑오년 동학전쟁 때 무참히 스러져간 농민군의 유골이 화석처럼 굳어 있을지도 모른다.

의 정황과 그에 따른 농민군의 봉기는 역사 시간에 귀가 따갑도록 들었다. 그보다 벗이라는 존재의 의미에 대해 생각한다. 인디언 속담에는 친구란 내 슬픔을 등에 지고 가는 사람이라는 말이 있다. 나는 지금껏 이보다 친구의 본질을 명징하게 묘파한 말을 들어본 적이 없다. 친구의 고통을 함께 질줄 아는 자만이 벗이라고 정의한 인디언들의 혜안이 그저 놀라울 따름이다.

배신은 억울한 죽음을 낳는다. 녹두장군은 파르르 떨리는 눈으로 친구의 모반을 확인했을 것이다. 삶의 무상과 공허는 늘 배신의 자리에서 피어난다. 녹두장군의 피눈물은 원대한 이상의 소멸보다 지우를 잃어버렸다는 사실에서 연유했을 터이다. 금성산 어귀를 휘돌아가는 강물

금성산성 충용문.

소리를 들으며 그는 물이 되고 싶었을지 모른다. 먼 바다에서 합일되는 물처럼 영원한 우정을 꿈꾸면서 말이다.

　금성산성은 호남의 3대 산성 중 하나로 연대봉, 시루봉, 노적봉, 철마봉 능선을 따라 축조되었다. 고려사절요에 언급된 것이 우왕 6년(1380)인 것을 감안하면 고려 말 이전에 축조되었을 것으로 추측된다. 전체 길이가 7,345m로 내성과 외성이 각각 859m, 6,486m에 이른다. 임란 때는 의병의 거점으로 활용되었는데 아마도 주변을 에워싸고 있는 절벽이 요새의 기능을 해주었기 때문으로 풀이된다.

　허나 이곳도 동학농민전쟁과 6·25의 참화로 대부분의 시설이 불타고 동서남북문의 터만 남아 있는 실정이다. 충용문 뒤편에 자리한 3기의 돌탑은 지난 역사의 상흔과 그로 인해 스러져간 선조들의 넋을 반증

한다. 돌 하나하나가 금성산성을 쌓고 지켜온 민초들의 뼈요 충정이다. 혹여 저 돌탑에 갑오년에 무참히 스러져간 농민군의 유골이 화석처럼 굳어 있을지도 모른다. 이 일대가 이천골(二天骨) 계곡으로 불렸던 연유가 새삼스레 짐작이 간다.

충용문을 지나자 발걸음이 빨라진다. 비를 머금은 구름이 무겁게 내려앉는다. 드디어 정상. 멀리 담양호가 그림처럼 나신을 드러낸다. 산이 물을 품고 있는 게 아니라 물이 산을 품고 있는 지세다. 가슴이 탁 트이며 잔잔한 희열이 몸을 감싼다. 나는 한 모금 물을 마신다. 잠들어 있던 세포가 소스라치듯 깨어난다.
"일어나, 일어나, 봄의 새싹들처럼"

언젠가 읽었던 김훈의 소설 『남한산성』의 한 대목이 생각난다. 아니 김훈이 서문에 썼던 그 뛰어난 명문을 잊을 수 없어 한동안 읊조리듯 암송했던 적이 있다. 어쩌면 모든 산성은 남한산성이며 금성산성인지 모른다. 모든 산성은 '약소한 조국의 운명'을 섬기한다.

옛터가 먼 병자년의 겨울을 흔들어 깨워, 나는 세계악에 짓밟히는 내 약소한 조국의 운명 앞에 무참하였다. 그 갇힌 성 안에서는 삶과 죽음, 절망과 희망이 한 덩어리로 엉켜 있었고, 치욕과 지존은 다르지 않았다. 말로써 정의를 다툴 수 없고, 글로써 세상을 읽을 수 없으며, 살아 있는 동안의 몸으로써 돌이킬 수 없는 시간들을 다 받아 내지 못할진대, 땅으로 뻗은 길을 걸어갈 수밖에 없으리

— 『남한산성』, 김훈 작가의 말

메타세쿼이아 길을 걸으면 잡념이 사라진다. 머리가 맑으니 허방에 빠질 이유도 없다. 대나무가 맑고 청정한 선비의 풍모를 지니고 있다면 메타세쿼이아는 지조있는 여인의 성정과 기품을 드러낸다.

03. 메타세쿼이아길~관방제림

강과 길 그리고 사람

담양호에서 흘러나온 영산강 물줄기는 금성면 덕성리에서 흐르는 시내와 합일한다. 강이라 명명하기에는 세미한 이 와룡천은 다시 금월천과 합류, 담양의 명물인 메타세쿼이아 길을 지나 관방제림으로 흘러든다. 영산강을 따라 어깨를 마주한 인근 연봉들은 스스럼없이 품을 내주고 인접의 시내는 다투듯 달려와 시원의 줄기에 합류한다.

죽향(竹鄕) 담양은 늘 단아하고 정갈하다. 어딜 가든 지천인 대나무가 산과 밭을 이루고 고을을 만든다. 대나무는 가족이자 친지이며 이웃이다. 한마디로 공동체 삶을 이루는 근간이다.

요즘 들어선 메타세쿼이아 길이 죽향의 이미지를 알리는데 첨병 역할을 한다. 메타세쿼이아 그늘 아래 서면 잡념이 들어설 틈이 없다. 머리가 맑으니 허방에 빠질 이유도 없다. 대나무가 맑고 청아한 선비의 풍모를 지니고 있다면 메타세쿼이아는 지조 있는 여인의 성정과 기품을 드러낸다. 전혀 어울릴 것 같지 않은 두 수종의 묘한 조화. 자신을 지켜내고 주변을 아우르려는 오롯한 기운이 만들어낸 내공의 현현이다.

에헤라 친구야 내 꿈은 하늘이라. 거칠은 바다를 포근히 감싸는 내 꿈은 하늘이어라. 에헤라 친구야 내 꿈은 구름이라. 파란 하늘아래 한가로이 떠가는 내 꿈은 구름이어라. 에헤라 친구야 내 꿈은 바람이라. 하늘과 땅 사이 뜻대로 오가는 내 꿈은 바람이어라. 에헤라 친구야 내 꿈은 꽃잎이라. 밤새 이슬 먹고 햇살에 싱싱한 내 꿈은 꽃잎이어라.

이곳에서 사람은 나무가 되고 나무는 사람이 된다. 고상한 철학자가 되거나 빛나는 감수성을 지닌 시인이 되기도 한다. 나무에 깃든 정령이 사람의 마음을 동화시키기 때문일 터이다. 들려오는 노랫소리에 은근슬쩍 한 자락 흥얼거림을 보탠다. "에헤라 친구야 내 꿈은 사람이라. 착하고 해맑은 맘속에 피어난 내 꿈은 사람이어라."

관방제림(官防堤林)에서 만난 어느 할머니

어느새 발길은 관방제림(官防堤林)으로 향한다. 조금 전에 달아났던 봄이 곁을 따른다. 봄아, 어디 갔다 왔니? 살랑살랑 뒤를 흔드는 게 정녕 바람이 난 게구로구나. 달아오른 봄을 향해 은근한 시샘을 던지며 발길을 재촉한다. 눈앞에 정체모를 한 가족이 도열해 있다. 대돌이, 대딸리, 추월산여장군, 관방제대장군…… 한 무리의 장승 가족이 길손을 맞는다. 하나같이 표정이 희극적이다. 귀여운 인형 같기도 하고 탈을 쓴 껑충한 키다리 아저씨 같기도 하다.

장승 뒤로 강은 해찰하듯 느적느적 흘러간다. 강도 봄처럼 바람이 난 것일까. 강둑에 핀 개나리를 향해 연신 헤실헤실 미소를 드리운다. 개나리는 수줍은 처녀처럼 차마 고개를 들지 못하고 빈바람에 몸을 뒤채일 뿐이다. 노랗게 안색이 변해버린 개나리. 개나리는 바보~ 개나리는 바보~ 그러나 강물에 부딪혀 되돌아오는 소리. 너나 바보~

"아가! 요거 하나 묵어라."

저편에서 웬 할머니 한분이 뭔가를 건네며 활짝 웃는다. 나는 귀를 의심한다. 사십이 넘은 내가 아가라고 불릴 수 있다는 사실이 신묘하다. 홍삼캔디. 장승과 강물에 정신이 팔려 있는 내 모습이 불연히 친자식처럼 생각되었단다. 6남1녀를 두었다는 올해 86세 임금순 할머니. 아버지가 60이 넘어 낳은 자식이라 금쪽같이 귀하다, 라는 뜻에서 그 같은 이름을 지어주셨단다

"옛날 사주를 본께 여든 여섯에 간다고 했는디 여즉까지 살아 있어."

아련한 눈길에 할머니가 살아온 지난한 세월이 담겨 있다. 살아오는 동안의 기쁨과 노함과 사랑과 즐거움이, 그리하여 점차 가까워지는 황혼의 종착역은, 끝이 아니라 여전히 삶의 절정으로 느껴지는 것이리라. 세월은 흐르는 게 아니라 한 사람의 삶속에 오롯이 고여 있음을 할머니의 모습에서 본다. 어느 누구의 삶도 기록되지 못할 역사는 없으며, 다

염소똥을 떨어뜨려 놓은 것 같은 까만 징검다리는 천상으로 향하는 길처럼 몽환적이며 아득하다.

만 기록하는 자들의 시각만이 존재하는 것이다.

"할머니, 이곳에 자주 놀러오세요?."
"암. 여그가 내 고향인 게. 예전부터 큰물이 자주 났드랬어. 그때마다 제방을 쌓고 그랬는디. 제국시대에 새끼를 친 나무들도 많고."

할머니가 풀어놓는 말에 관방제림의 어제와 오늘 그리고 미래가 투영되어 있다. 이 숲은 조선 인조 1684년 담양부사 성이성이 수해를 막기 위해 처음 만들었다고 전해진다. 그 뒤 철종 1854년에 수만 명을 동원해 지금과 같은 둑을 쌓고 나무를 심었다. 당시에 심은 700여 그루의 팽

무지개다리를 따라 솟대는 하늘을 향하고, 커다란 가로등은 강을 향해 조신하게 목례를 하며, 담양천과 이웃한 산책로는 빼어난 몸매를 과시한다.

나무, 벚나무, 느티나무와 같은 활엽수는 현재 420여 그루 정도가 남아 있을 뿐이다. 천연기념물로 지정된 구역에는 300~400년 된 고목 180여 그루가 보호되고 있는데, 가지마다 링거와 치료제가 달려 있다.

강이 저 위태로운 고목을 살리며 위무하는가 보다. 홍수를 막기 위해 나무를 심었지만 기실 저 고목들은 영산강의 바람과 수분을 젖줄로 삼고 있었던 모양이다. 나무는 강을 지지하고 강은 나무를 키워내는 특별한 공생, 그 도량이 넓고 크다.

"아가! 요거 있냐."

할머니가 또 사탕을 건넨다. 글감과 함께 나는 덤으로 사탕을 두 개나 얻는다.

"여기 있는데요."
"한 개로는 정이 없다고 하잖여."

할머니 오래 사세요. 가슴이 허허롭다. 나는 할머니의 모습에서 인간의 존엄을 생각한다. 도무지 위선과 가식이라고는 찾아볼 수 없는, 강물이 키워낸 이름 없는 풀꽃 같은 한 인간의 삶을 떠올린다. 제방에서 만난 할머니는 영산강을 닮아 있었다.

모든 세상 물살은 흘러간다. "두려워 말고 견디라"

관방제림을 울타리 삼아 잘 단장된 추성경기장이 들어서 있다. 바로 앞 무지개다리를 따라 솟대가 하늘을 향하고, 커다란 가로등은 강을 향해 조신하게 목례를 하며, 담양천과 이웃한 산책로는 빼어난 몸매를 과시한다. 염소똥을 떨어뜨려놓은 것 같은 까만 두 줄기 징검다리는 천상으로 향하는 길처럼 몽환적이며 아득하다.

나는 이곳에서 강과 나무, 사람의 특별한 공생을 꿈꾼다. 강은 나무이며 나무는 사람이고 사람은 강인 세상. 다시 나무는 강이며 강은 사람인 세상. 이 준엄한 연결고리가 자본과 개발이라는 근대성의 폭력 앞에 굴복되지 않기를 희구한다. 삶의 지속성 속에서 강과 나무와 사람이 하나 되는 참 맑고 따뜻한 세상을 소망한다.

  어디선가 바람이 불어온다. 푸른 서늘함이 내부로 스며든다. 영산강의 숨결을 호흡하며 나의 영혼은 숙연해진다. 다시 바람이 일며 마블린 같은 꽃파도가 일렁인다. 거스르지 말고 서 있어라. 모든 세상 물살은 흘러가는 법. 두려워 말고 견디라. 모든 고통은 안개처럼 스러지는 법. 내 안에 누군가 그렇게 속삭인다. 그리하여 더러 대나무처럼 휠지라도 꺾이지는 말지며 내 안의 나는 메타세쿼이아처럼 정연하게 하늘만을 바라볼지라.

04. 죽녹원과 담양천

대숲, 저편의 또 다른 나라

죽녹원에는 도무지 알 수 없는 묘한 은밀함과 귀기에 가까운 몽환이 깃들어 있다.
대숲은 하나의 작은 세상이면서 이 세상을 뛰어넘는 또하나의 제국이다.

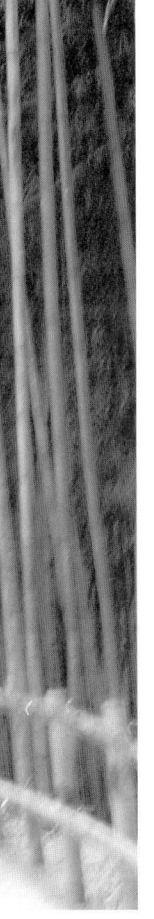

　다섯 시가 넘은 시간이었다. 하늘을 물들인 구름이 예사롭지 않고 내 방객들이 서둘러 대숲에서 나오고 있었다. 대숲으로 들어가기에는 조금 늦지 않나 싶어 몇 번을 죽녹원(竹綠苑) 앞에서 서성거렸다. 피안의 숲으로 월경을 하기까지 그렇게 한동안 내면의 검열자와 기싸움을 했다.
　초입에 들어서 몇 발짝 움직이지 않아, 쏴~ 하고 비가 내렸다. 대나무처럼 굵고 낭창한 빗줄기가 지면에 꽂혔다. 미덥지 못한 선택에 불연히 화가 났지만 그렇다고 발걸음을 되돌릴 수는 없었다. 원고 마감이라는 가혹한 독촉장이 무시로 등을 떠밀고 있어 애당초 퇴로를 상상하기는 불가능했다. 하여 마감 독촉은 호환마마보다도 무섭고 알람보다도 귀찮은 존재인가 보았다. 높으신 후배기자여, 제발 문자로 겁 좀 주지 마시게. 한때는 내 밑에서 여유롭게 수습시절을 보내지 않았던가?
　죽녹원은 영산강 상류인 담양천과 인접한 성인산 자락의 대숲에 조성된 테마공원이다. 5만여 평의 부지에 왕대, 솜대, 분죽, 맹종죽 등 다양한 대나무 종이 하나의 생태군락을 이루고 있다. 앞으로는 영산강이 조붓하게 흐르고 뒤로는 산이 넉넉하게 품을 내주는 전형적인 임산배수의 지세다.
　이곳에는 모두 8개의 길이 미로처럼 얽혀 있다. 이름 하여 죽림 8길. 운수대통길, 죽마고우길, 사랑이 변치 않는 길, 철학자의 길, 선비의 길, 성인산 오름길, 추억의 샛길, 샛길……. 이 8길은 울울창창한 대숲을 관통하는 핏줄로 각기 땅속과 깊이 연결되어 있으면서도 지면으로는 하늘과 상통한다. 뿌리에서 뿌리로 이어지는 생명력은 대나무기 지니는 엄정의 표상이자 이런저런 세상의 호들갑을 물리치는 근기다.

공교롭게도 8길은 모두 밝음과 추억을 지향한다. 우정과 사랑도 푸르름 속에 포태되어 동일한 이미지로 귀결된다. 신석정은 그와 같은 서정과 풍미를 「대숲에 서서」라는 시를 통해 진득하게 담아내고 있다. 그것은 대숲의 속살이 여느 숲의 그것과는 다른 질감을 선물하고 있음을 뜻한다.

여기에서 죽림은 고려가요 청산별곡에 등장하는 「청산에 살어리랏다」의 지향점인 이상적 공간으로 비견된다. 비록 머루나 다래로 근근이 연명한다 해도 청산에 산다면 현재의 모든 고통과 절망으로부터 자유를 얻을 수 있는 것처럼, 시인은 대숲에 듦으로 비록 '서러워 대풍이 불지언정 기적 없이 서서 대같이 살' 수 있으리라는 전망을 희원한다. 청산이 고려인들의 마음속에 내재한 불가시적인 공간이라면 대숲은 바로 지금 여기, 라는 구체적인 공간성을 확보한다.

> 대숲으로 간다/ 대숲으로 간다/ 한사코 성근 대숲으로 간다/ 자욱한 밤안개에 벌레소리 젖어 흐르고/ 벌레소리에 푸른 달빛이 베어 흐르고/ 대숲은 좋더라/ 성글어 좋더라/ 한사코 서러워 대풍은 좋더라/ 꽃가루 날리듯 흥근히 드는 달빛에/ 기적 없이 서서 나도 대같이 살거나
>
> — 「대숲에 서서」, 신석정

무명한 자들의 비애도 깃들어

　대숲에 부는 바람에 강물 소리가 실려 온다. 이곳에서 영산강이 지척이다. 이제 보니 대숲에는 추억과 밝음만 존재하는 것은 아니다. 무수히 많은 무명한 자들의 죽음과 비애가 면면히 흐르고 있었다. 죽어서 오히려 절개를 지킨 성성한 대나무 같은 영혼들이 진을 치고 있었다. 그것은 이 땅, 이 강토를 지켜온 자들의 핍절한 울음이며 항거였다. 강퍅한 수탈에 맞서 인간다운 삶을 지키려 했던 수많은 민초들이 곧추 들었던 죽창이 저렇듯 대차게 하늘을 향해 서 있는 것이리라.

　그러므로 대숲 8길에, 아니 대숲 9길에 '의로운 길'은 부가되어야 한다. 벌레소리와 푸른 달빛이 어우러진 풍미와 추억만을 전시하고 강제할 때, 역사는 절름발이로만 존재할 소지가 있다. 이 숲에 들어오는 이들은 어둠의 길과 고통의 길도 함께 떠올려야 하지 않을까. 절망과 상처를 딛고 더 푸르고 강고하게 일어서는 대나무의 본성을 느끼지 못한다면 그것은 허공에 뜬 청산이며, 바다 위의 죽림과 무엇이 다를 것인가. 이른바 T.S. 엘리어트의 '가지 않는 길'이 잔잔한 여운을 주는 것은 모든 길은 궁극적으로 회한이라는 상처와 아픔 속에서 열려지기 때문일지 모른다.

　빗줄기가 듣는 대숲을 따라 걸으며 잠시 본성을 생각한다. 죽녹원에서 느껴지는 대나무의 본성은 한마디로 '부드러운 직선'이다. 아니 '날카로운 곡선'으로 불가해한 결합이자 상극의 공존이다. 남도인의 기질과 풍모가 대나무의 그것을 닮은 듯하다. 부드러움과 날카로움, 직선과 곡선의 결합은 이를 데 없는 남도인의 성정이요, 오롯한 본성이다.

비바람이 불어와 대숲 전체가 흔들린다. 하나의 세계가 흔들린다. 하나의 존재가 흔들린다. 너머에 강물이 흔들린다. 그 너머 사람의 집들이 흔들리고 사람의 마을이 흔들린다. 모든 게 흔들리고 모든 게 흔들리지 않는다. 그리하여 비에 젖은 담록의 대숲은 강과 산 그리고 하늘과 교류하며 넉넉한 품을 내준다. 댓잎 사이로 들이친 빗줄기는 매끄러운 나무의 표면을 따라 땅으로 스며 뿌리를 적시고 더러는 지면을 타고 영산강 상류로 흘러든다.

대숲 한가운데 자리한 대나무 분재 생태전시관도 발길을 끈다. 돔형의 유리집은 커다란 에스키모 집을 떠올리게 한다. 차분한 음악이 흐르고 벽면마다 시화가 걸려 있다. 크고 작은 분재와 무수히 많은 식물이 그렇게 아름다운 자태로 꽃이 되어 있다. 이름도 생소하여 하나하나 읊어내는 재미가 쏠쏠하다.

운간초, 암담호, 분홍리스본, 덴섬, 도리스테일러, 꽃마삭, 살멘토사, 섬미인, 그리니, 편탄드롬, 성을녀, 애심, 까라손, 쟈드민, 크라셀라, 패랭이, 여우꼬리, 앵초, 연봉, 흑법사, 병아리눈물, 구슬얽이……

대숲은 작은 세상이자 하나의 제국

밖으로 나오자 비가 그쳐 있다. 담양천변을 따라 올망졸망한 가게가 늘어서 있다. 미곡상회, 떡방앗간, 장터국밥 등 여느 시장 통에서나 볼 수 있는 상호들이다. 그러나 여느 시장에서 볼 수 없는 점포가 있으니 국수집이 바로 그것이다. 이 또한 담양의 명물로 꼽힌다. 그러고 보니

담양천.

담양의 명물은 모두 가늘고 길다. 대나무가 그렇고 치렁한 국수 가락이 그렇다.

예전에 이곳에 올 때면 늘 국수에 곡주를 곁들였다. 그리고 발 아래로 흘러가는 강물을 바라보며 자작으로 잔을 채우고 비웠다. 비운 잔을 놓기 바쁘게 또 잔을 채웠다. 나중에는 채운 잔과 비운 잔을 분간하지 못했다.

달리 시간을 메울 길이 없던 막막한 시절에 나는 이곳을 찾곤 했다. 국수 가락을 곡주에 섞어 넘기며 나는 독특한 질감에 취해 비감하였고, 속으로 아팠다. 시간도 청춘도 머물지 않는 바람처럼 그지없이 흘러가거늘, 나는 알 수 없는 독백의 말들을 쏟아내고는 오래도록 강물을 바라보며 허허롭게 웃곤 했다. 세상의 모든 연으로부터 떨어져버린 격절감에 몸서리쳤다. 아, 눈물 나게 쓸쓸했던 삼십대의 시간들이여.

"여기 막걸리 한 병만 주세요……".

오랜만에 잔을 채운다.

영산강의 본류, 담양천은 조붓하다. 강폭이 그리 넓지도 좁지도 않다. 매년 5월이면 이곳 담양천과 죽녹원 일대에서 대나무축제가 열린다. 대나무로 만든 배가 뜨고 사람들은 아이들처럼 신이 난다. 사람들은 배를 타고 머나먼 곳으로 떠나는 꿈을 꾼다. 그러나 어느 누구도 이곳을 떠나지 못한다.

황포돛배를 띄워라. 황포돛배를 띄워라. 노을빛 영산강에. 어허라, 어허라.
황포돛배를 띄워라. 황포돛배를 띄워라. 남도의 빈들녘에. 어허라, 어허라.
황포돛배를 띄워라. 황포돛배를 띄워라. 그대들의 가슴에. 어허라, 어허라.

竹과 江의 어울림, 기막힌 정한의 연이다. 그것은 대숲과 강물이, 사람과 마을이 범박한 아름다움으로 하나가 되는 세계다. 그리하여 대숲엔 선의와 상련과 결기와 단정이 깃들고, 비어 있으되 더욱 단단해지는 옹골찬 지혜가 차고 넘칠 터이다.

이윽고 새들의 고적한 울음이 시원의 대숲을 흔든다. 어둠속에서 목청을 뽑는 새, 다시는 대숲에 돌아가지 못하리. 숲에는 도무지 알 수 없는 묘한 은밀함과 귀기에 가까운 몽환이 깃든다. 그러나 지금이라는 명확한 현재성을 뛰어넘지는 못한다. 대숲은 이미 하나의 작은 세상이면서 이 세상을 뛰어넘는 또 다른 제국이므로. 그 제국을 가로질러 영산강이 흐른다. 당신이 강이 흐른다.

05. 수북과 봉산고을

병풍산 아래 순한 마을들

병풍산에서 바라본 담양 수북과 봉산고을 전경. 안개 너머의 풍경은 유순하며 새색시처럼 신비롭다.

수북과 봉산을 가로지르는 강.

평일 병풍산은 한적하고 고즈넉하다. 산세는 막힘이 없으며 올망졸망한 봉우리들은 다함없이 유순하다. 이따금씩 바람을 타고 아카시아 향기가 밀려온다. 숲에서의 향기는 내혹을 님어 관능 ㅗ 사체나. 향기에 취하는 건 비단 사람만이 아니라 새와 산짐승도 예외는 아닐지 싶다.

오후 늦게 병풍산을 오른다. 산은 고요하고 다정하다. 어린 양처럼 유순하며 새색시처럼 신비롭다. 진초록으로 물든 능선을 따라 붉은 나신을 드리운 철쭉의 자태가 눈부시도록 화려하다. 사람들이 떠나버린 산은 빈집처럼 쓸쓸한데 숲은 제 스스로 채워지는 자족과 싱싱함으로 오히려 풍부하다.

속살을 헤집고 들어갈수록 빛과 어둠의 혼재된 세계가 펼쳐진다. 혼곤과 아득함의 세계, 그 정령의 길목을 따라 등산로가 뱀처럼 널브러져 있나. 신기루인가. 시난고난한 삶의 뒤안길인가.

　일몰까지는 두 시간이 남아 있다. 뒤따르는 일행은 조금도 지친 기색이 없다. 다리가 풀린 나만 호흡이 가쁘다. 가끔씩 산행을 마치고 하산을 서두르는 등산객들이 보인다. 가벼워진 그들의 배낭은 탁발승의 빈 바랑처럼 허허롭다.

　투구봉에 오르자 발아래 담양이 펼쳐진다. 수북과 봉산 들녘을 가로질러 흘러가는 영산강의 실팍한 물줄기가 눈에 들어온다. 좌로는 읍내의 소박한 시가지의 전경이, 우로는 빛고을과 인접한 대전면이, 발아래로는 순한 수북면의 평야가, 반대편으로는 작은 여백의 봉산면이 들어온다. 강은 스스로 저물듯 그 사이를 내밀하게 흐른다. 그것은 이 땅을 스쳐간 무명한 자들의 순결한 호흡이며 흔적이다.

　영산강은 남도라는 말과 동의어적인 병렬관계를 이룬다. 제방을 따라, 도열하듯 늘어선 가로수를 따라, 시간이 흐르고, 역사가 흐르고, 온전히 풀꽃 같은 이들의 삶이 된다. 길은 강을 따라 이어지며 강은 길로 포섭되는 이 병렬적 구도는 다름 아닌 본질로의 귀로이자 지지인 것이다.

강이 흐르듯 길이 흐르고 삶이 흐르고

바흐친은 인생의 행로에서 길은 삶을 이어가는 통로라고 말한다. 길은 시공간과 조우하면서 인간의 삶을 하나의 연속적인 과정으로 드러나게 한다는 것이다. 바흐친에게 길이 있다면 우리에겐 강이 있지 않을까.

들판과 강 그리고 길은 실핏줄처럼 얽혀 각기 존재의 개별성을 드러내지만 그것들은 모두 여로라는 삶의 서사에서 교호되고 수렴된다. 강이 흐르듯, 길이 흐르고, 삶이 흐르고, 역사가 흐르고, 그리고 다시 무력한 자들의 꿈이 흘러 강이 된다. 강은 다시 길에 연하여 삶을 이루고, 삶은 순정한 여정으로 회귀한다.

삐죽~ 삐죽~

숲에서 들려오는 삐죽새의 울음이 정겹다. 한동안 침묵에 젖어 들판을 바라보던 눈을 숲으로 향한다. 삐죽새야 울지 마라. 휑한 눈만 남아 더욱 서러우니, 삐죽새야 울지 마라. 삐죽새야 울지 마라. 야윈 볼만 남아 더욱 서러우니, 삐죽새야 울지 마라. 울려거든 네아리 없는 깅가에 나와 울어라. 삐죽, 삐죽, 삐죽새야!

봄 한철이 가고 있음을 새는 그처럼 목청을 빼며 운다. 하산하는 동안에도 삐죽새의 울음은 그치질 않는다. 오래도록 무정했던 마음에 새 한 마리 이내 점(點)으로 깃든다.

해는 이울어 도로 위에 기다란 그림자를 남긴다. 서편을 물들인 노을은 파스텔화처럼 은은하다. 눈을 들어 산을 바라본다. 강 아래에서 바라본 풍광은 가히 절경이다. 병풍처럼 둘러쳐져 있다 하여 그와 같은 이름을 얻은 병풍산과 사람인(人)자의 지세를 띠고 있어 붙여진 삼인산 그리고 커다란 불심이 깃들어 있다는 불태산이 석양을 배경으로 들어앉은 모습은 엄숙하다 못해 비장하기까지 하다. 거기에는 연민, 자애, 경건, 위엄 같은 품격과 진정이 깃들어 있다. 아마도 산은 아래에서 위를 견지해야 존재의 도저한 의미가 획득되나 보다.

면앙(俛仰)의 의미를 다복이 생각하며

봉산 들녘을 가로질러 언덕 위의 높은 집 면앙정(俛仰亭)을 바라본다. 정자는 봉산 들녘을 배경으로 앞산머리를 향해 있다. 땅을 내려다보고 하늘을 바라본다는 면앙(俛仰)의 의미를 다복이 담아내고 있는 것이다. 현실과 이상 그 어느 편에도 치우치지 않겠다는 은근한 집요함이 묻어난다. 그 날카로운 경계 위에 정자를 지은 이의 마음이 드리워져 있다.

조선중기의 문인이자 가사문학의 대가인 송순은 말년에 고향인 이곳 담양 제월리 뒷산 언덕에 정자를 짓고 시문을 읊었다. 원래의 면앙정은 선조 30년(1597년) 임란 때 소실되었고 1654년 후손들이 재건 후 몇 차례 보수를 거쳐 지금의 모습에 이르게 되었다. 이곳에는 하서 김인후와 퇴계 이황의 시는 물론 고봉 기대승의 「면앙정기」, 백호 임제의 「면앙정부」, 석천 임억령의 「면앙정 30영」 등의 판각도 걸려 있다.

면앙정 전경.

면앙정 보호수.

한 시대를 풍미했던 이들의 고매한 문(文)을 보는 느낌이 자못 새롭다. 여기에서 송순의 뛰어난 문재를 새삼 논하고 싶지는 않다. 아니 부끄럽게도 내게는 그것을 거론할 만한 역량이 없다. 다만 순박한 경치를 노래하며 현실과 이상을 아우르려 했던 문인의 시정을 가늠해 본다. 그 담백한 인식이 부러울 뿐이다.

그리고 나는 생각한다. 땅은 바라보려 하지 않고 하늘만 바라보려는 이 시대의 왜곡된 면앙의 의미를. 그리하여 땅은 올려다보고 하늘은 내려다볼 줄 아는 역설의 미학도 되짚어 본다. 비옥한 농토를 가졌음에도 궁벽할 수밖에 없었던 민초들의 삶과 이를 완벽하게 설명할 수 없는 한계가 주는 부끄러움도 생각한다.

어둠이 내린다. 다시 강으로 나와 새색시의 치마처럼 아담하고 수수한 강폭을 바라본다. 드문드문 피어난 노란 수선화가 강의 색을 다채롭게 물들인다. 한 쌍의 왜가리가 다정하게 하늘을 선회하며 밀어를 속삭인다. 이윽고 왜가리는 흰 꽃처럼 강둑 위에 내려앉는다. 마치 높은음

자리를 세워놓은 모습 같다. 나도 모르게 익숙한 시구가 튀어나온다. '그런 자세로 꽃이 되어야 쓰는가.'

강물이 전하는 말을 새겨듣는다. 언젠가 TV프로에서 들은 적이 있던 말이 스치듯 떠오른다. "그대여, 거칠게 일렁이는 파도를 보지 말고 그 밑을 도도히 흐르는 일련의 흐름을 보게나. 그리하여 이 무정한 세상에서 때론 부드럽게 포효하는 용사가 되거나 더러는 강직함을 지닌 예민한 시인이 되게나".

어둠이 강물을 따라 흘러간다. 순정한 강물의 말에 귀 기울인다. 강물이여 더 빨리 흘러라. 쓸쓸한 시간이다.

06. 한재골과 담양습지

푸른 초록의 세상!

한재골로 향하는 길은 언제나 즐겁다. 담양 대전면과 병풍산 자락으로 이어지는 길은 소담한 풍경과 여유로움이 넘친다. 한적한 도로를 따라 '메밀꽃 필 무렵' '구름모자' 처럼 정감어린 상호를 내건 찻집이 늘어서 있다.

일찍이 구조주의 언어학자 소쉬르는 '기호는 기표와 기의가 자의적으로 결합된 것으로 실체와는 아무 관련이 없다'고 주장한다. 단지 사회적 약속에 의해 결합된 관습으로 의사를 전달하기 위한 수단일 뿐 이름과 실체 사이에는 아무런 연관이 없다는 것이다.

그럼에도 이곳에서 보게 되는 상호들은 이름이 사물 자체의 본질을 온전히 드러내지 않는다는 언어학자의 주장을 무색하게 만든다. 기표와 기의 사이에는 나름의 정체성을 드러내는 특질이 내재되어 있는 듯하다. 골짜기에 면한 복숭아밭 '무릉도원'만 해도 이곳의 정밀한 풍광을 담아내고자 하는 이들의 내밀한 욕망이 투영된 것으로 보인다. 어쩌면 이름과 실체 사이의 간극을 조율하는 것은 실체가 환기하는 이미지일지 모른다.

실버들이 늘어지고 풀등이 있는 강변은 더없이 유순하다. 물은 자정을 통해 스스로 공존하는 신비를 창출한다. 아마존이 지구의 허파라면 담양습지는 남도의 허파이자 영산강의 녹창(綠倉)이다.

아무튼, 복숭아꽃이 흐드러지게 피는 봄이면 한재골은 무릉도원이 된다. 지상에는 존재하지 않는 몽환적 공간이 계곡을 따라 펼쳐진다. 복숭아꽃으로 불을 밝힌 계곡은 선계의 배경이 된다. 익히 아는 대로 무릉도원을 상징하는 도화(桃花)는 순수나 정숙을 배반하는 이미지다. 뇌쇄적인 색조, 가녀린 꽃잎은 유혹과 금기라는 상반된 정서를 환기한다. 관능의 미학이자 에로틱의 절정이다. 도화로 기호화되는 피안은 삶 속에서 만나게 되는 극치의 순간과 접맥된다. 그리하여 죽을 만큼 수려한 풍광은 미적 현재성을 상정한 반어적 수사로 읽혀지는 것이다.

한재골, 여름이면 '사람계곡'으로

"연분홍 치마가 봄바람에 휘날리더라. 오늘도 옷고름 씹어 가며 산제비 넘나드는 성황당 길에 꽃이 피면 같이 웃고 꽃이 지면 같이 울던 알뜰한 그 맹세에 봄날은 간다……".

시원한 물소리를 배경으로 어디선가 노랫소리가 들려온다. 아득하다. 한재골 계곡을 따라 아카시아 꽃향기가 밀려온다. 가지마다 포도송이처럼 탐스러운 꽃이 주렁주렁 달려 있다. 대학생으로 보이는 남녀 두 쌍이 계곡에서 걸어 나온다. 아! 봄날이 간다.

계곡 물이 어때요? 참·맑·고·깨·끗·해·요……. 여학생의 목소리가 통통 튄다. 그 목소리에, 열아홉 시절은 황혼 속에 슬퍼지더라는 가사가 오버랩 된다. 대학생들의 입에서 흘러나오는 봄날은 간다는, 예의 원로가수 백설희의 가녀린 듯 사색적인 음색과 달리, 한영애의 끈적이

한재골은 물이 맑고 깨끗하여 여름이면 '사람계곡'으로 불릴 만큼 피서 인파로 북적인다.

면서도 도발적인 목소리와 달리, 장사익의 쓸쓸하면서도 한 서린 통회와 달리, 계곡물의 옥수처럼 더없이 맑고 청아하다. 그들이 계곡을 떠난 뒤에도 한동안 "꽃이 피던 살이 웃고 꽃이 시던 살이 울던"이라는 노랫말이 귓가를 맴돈다.

친구들이여 봄날이 간다네. 그대들의 봄과 나의 봄이 그렇게 가고 있다네. 절절하면서도 진득한 목소리에 저리도 시린 봄빛이 저물고 있음을 본다네. 그대들의 봄은 어떠했나? 그대들 봄 언저리에 핀 꽃은 여전히 아름다운가.

한재골은 전남 담양군 대전면 평장리에 위치한 계곡으로 수북면과 월산면 그리고 장성군 북하면 일대에 걸친 약 1.3km에 이르는 계곡을 말한다. 물이 맑고 깨끗하여 여름이면 '사람계곡'으로 불릴 만큼 각지

한재골과 담양습지 53

한재골에서 내려온 물은 골짜기를 따라 한재저수지로 흘러든다. 이곳의 가을단풍과 겨울설경은 한 폭의 수채화를 보는 듯한 묘미를 선사한다.

에서 피서를 온 인파로 북적인다. 시원한 바람을 찾아 왔다가 나중에는 벌벌 떨며 나온다, 라는 말이 있을 정도로 물이 차다. 특히 가을단풍과 겨울설경은 한 폭의 수채화를 보는 듯한 묘미를 선사한다.

　이곳의 물은 골짜기를 따라 아래에 위치한 한재저수지로 흘러들고 다시 인근의 농수로를 타고 영산강의 본류로 흘러든다. 생명의 터요, 발원인 셈이다. 심산유곡, 명경지수라는 말보다 생명심발(生命心發)의 의미가 떠오름은 그와 같은 연유다. 물의 '밭'에서 강이 태어나고, 강의 시원은 물의 '밭'을 지향한다.

　골짜기를 흐르는 물의 화음에 귀를 씻는다. 큰 바위를 지날 때의 소리와 작은 바위를 지날 때의 소리가 극명한 차이로 분기된다. 물에도 마음이 있는 모양이다. 크고 작은, 더러는 둥글고 모난 마음이 깃들어 있음을 본다. 단아하고 아름다운 계곡에서 증폭되는 이 소리는 강이 내재하고 있는 속 깊은 울음이자 그 울음을 뛰어넘는 풀이의 신명일지 모른다.

담양의 습지는 '남도의 허파'

발걸음을 돌려 담양습지로 향한다. 오후 세시, 어설프고 미묘한 시간이다. 강위로 쏟아지는 햇살은 날카롭고 부드럽다. 발 아래 습지는 풋것 그대로 거칠고 싱싱하다. 한재골의 물이, 용소의 물이, 담양호의 물이, 관방천의 물이, 금성산성을 휘도는 물이 경계를 넘기 위해 잠시 머무르는 곳이 담양습지다.

물이 뚝뚝 듣도록 무성한 신록과 날 비린내 나는 초록의 세상은 하나의 이형가계를 이룬다. 물밑에서 물 위에서 펼쳐지는 생존의 경쟁, 동시의 경생은 치열하나 못해 처절하나. 그러나 그 이번에 겁애와 견세, 생존과 죽음, 경쟁과 부조, 시혜와 착취가 교묘하게 결합되고 분화된다. 이 모든 것이 생의 전장이자 축소판이다. 운명이고 미래이며 궁극적으로 회귀해야 할 근원이다.

이곳은 2004년 습지보호지역으로 지정되었다. 영산강 상류 일부인 담양군 수북·봉산·대전·광주시 북구 용강동 일대 98만575㎡의 면적이 해당한다. 식물, 조류, 포유류, 양서류 등 이곳의 생태계는 실로 다양하다.

습지보호구역은 안내소 부근 수문에서부터 보까지 3km까지이다. 원시림 같은 대숲을 지나 영산교를 거쳐 상류 방향으로 되짚어 올라가

담양습지에 있는 대나무숲.

면 어느 결에 환상의 지형과 만나게 된다. 물길이 만든 'S라인'은 흡사 똬리를 튼 뱀의 모습 같다. 그 물길을 배경으로 물웅덩이와 여울이 오밀조밀하게 뒤섞여 청색의 공생지대를 형성한다.

영산강 상류를 거슬러 오르며 오랫동안 습지를 바라본다. 실버들이 늘어지고 풀등이 있는 강변은 더없이 유순하다. 물은 자정을 통해 스스로 공존하는 신비를 창출한다. 크고 작은 여울과 질펀한 웅덩이가 주는 이미지는 싱그럽고 현란하다. 십대의 풋풋한 향기, 이십대의 푸른 청춘, 삼십대의 건강한 아름다움, 사십대의 농염한 젊음, 오십대의 관조적 연륜, 육십대의 노회한 편안함…….

습지를 품은 강이 말없이 저문다. 아마존이 지구의 허파라면 담양습지는 남도의 허파이다. 아니 영산강의 '녹창'(綠倉)이다. 그러나 안타깝게도 4대강 사업으로 습지의 상당부분이 사라졌고 사라질 위기에 처해 있다. 개발의 논리가 생명의 허파를 갈기갈기 찢고 있는 것이다. 파헤치고 긁어내고…… 인위가 휩쓸고 간 강은 유전자 조작의 폐해만큼이나 가혹한 결과를 가져다 줄 것이다.

영산강의 주인은 영산강일 뿐 그 누구도 아니다. 포크레인과 덤프트럭이 춤을 추는 이 '죽음의 굿판'을 당장 걷어치워야 한다. 습지 생명의 절규가 온 강을 뒤덮는다. 허공 가득 메아리친다.

빛고을에서 첨단은 '첨단지구'를 강은 '영산강'을 의미한다. 한마디로 첨단지구는 강을 연하여 개발된 과학산업단지로 인식된다.

07. 광주첨단지구

"나를 키운 건 팔할이 영산강"

첨단과 강은 썩 어울리는 관계가 아니다. 사전적 의미의 첨단(尖端)은 시대의 흐름이나 유행의 맨 앞장을 의미한다. 변화와 유행, 역동과 감각을 함의한다. 반면에 강은 넓고 길게 흐르는 내를 뜻하는 것으로 자연 그 자체를 상징한다. 이 두 어휘는 태생적으로 부조화와 상극의 관계다.

빛고을에서 첨단은 '첨단지구'를 강은 '영산강'을 지칭한다. 다시 첨단지구는 첨단과학산업단지로, 영산강은 국가하천 개념으로 환상된다. 이 두 어휘에 내재된 상징적 층위는 실로 복잡하여 한두 가지로 정의하기 어렵다. '강을 연하여 개발된 과학산업단지' 쯤으로 이해하는 것이 보편적인 접근이다.

사실 도시에서 공간의 의미를 성찰하는 것은 쉬운 일이 아니다. 도심에는 일반적인 공간적 의미와 개별적인 특수성이 투영되어 있기 때문이다. 다시 말해 특정 지구에는 도심이라는 공간의 면적과 그 고유 공간이 지지하고 담지하는 상징적인 면이 맞물려 있어 하나로 통합하기가 수월치 않다는 얘기다.

A. 개스트너는 서사물에 있어서 시간은 제1의 환영이고 공간은 제2의 환영이라고 주장한다. 그에 따르면 공간은 단순한 장소라는 배경을 넘어 동시성을 재현하는 측면으로 의미가 확장된다. 이때의 장소는 시간과 공간의 결합체를 넘어 환상적인 시간성을 보충하고 확장하는 기능을 수행한다.

그렇다면 첨단지구에서 획득되는 공간성은 무엇인가. 영산강을 연하여 펼쳐진 허울(?)뿐인 이 과학산업단지가 재현하고 있는 환상적인 의미는 무엇인가. 이곳은 첨단이라는 명칭이 무색할 정도로 주점과 모텔이 밀집되어 있다. 다소 과하게 말한다면 첨단에 첨단은 없고 유흥만 있는 격이다.

흔히들 첨단지구라고 하면 현재의 광산구를 떠올린다. 틀린 것은 아니다. 엄밀히 말하면 첨단은 광산구와 북구에 걸쳐 있는 상업과 산업지구를 포괄한다. 광산구 쪽은 아파트와 학교, 상가 위주로 개발된 지역이고 북구 쪽은 예전의 삼소지면(三所旨面)을 중심으로 조성된 공단지대와 광기술원 등과 같은 첨단업체가 자리한 곳을 일컫는다.

첨단지구의 북쪽에 자리한 삼소지면은 조선시대까지만 해도 꽤나 번성한 지역이었다. 18세기의 문헌에는 이 일대에 여섯 개의 마을이 자리하고 있었는데 대촌(大村) 마을을 중심으로 상대, 중대, 하대가 하나의 뜸을 이루었다고 한다. '삼소지' 라는 별칭은 그 만큼 이곳이 근동의 행정, 경제, 문화 중심지였다는 사실을 함의한다.

일설에 따르면 '삼소지' 이름의 유래는 이 일대가 옹기·종기·갓 등을 만들면서 연유하였다고 하는데, 이는 첨단지구로 개발되기 전 옹기를

북광주와 첨단지구를 가로지르는 대교. 땅을 박차고 비상하려는 학의 날개를 형상화한 모습이 이채롭다.

빚던 점촌이라는 마을의 유래가 이를 반증한다. 또한 현재 과기원이 있는 자리에 있던 입동(笠洞) 부락의 명칭은 갓을 생산하였던 것과 연관이 있었음을 보여준다.

환상의 세계 열어준 노란 모래밭

첨단지구는 나의 고향이다. 정확히 말하면 행정구역상 삼소동과 담양군 대전면 그리고 장성군 진원면의 경계인 북구 월출동 궁암리가 나의 탯자리다. 그러나 오래 전에 첨단지구 부지로 편입되는 바람에 마을은 흔적 없이 사라져 버렸다. 13번 국도를 따라 생명의 터였던 벌판만이 허허롭게 누워 있고 그에 인접한 강줄기만이 상상속의 마을을 품은 채 흘러가고 있을 뿐이다. 공간이 단순한 장소의 의미를 넘어 동시성의 의미로 확장되는 것은 순전한 저 영산강의 물줄기 때문이리라.

 탯자리를 향해 가는 발걸음에 설렘과 겸허가 교차한다. 고향으로의 접근은 늘 상처와 성찰을 동반한다. 내상이라는 거울을 통해 저편에 자리한, 결코 존엄함을 잃지 않는 그러나 너무도 초라한 한 인간을 마주한다. 마음의 길모퉁이에 쓸쓸히 앉아 있는 또 다른 나는 작고 고독하다.

 삶의 현장에서 너그럽게 포용되지 못했던 날이면 본능적으로 나는 이곳을 찾곤 했다. 마음속의 마을은 작고 빈한하였으나 너그러웠고 아늑했다. 마을 앞을 흐르는 강은 유순하기 그지없어 다친 마음을 이끌고 이곳에 들를 때면 늘 보이지 않는 다정한 손길이 내 가냘픈 등을 다독이곤 했다. 말로 표현할 수 없는 위무와 애상이 나의 유년을 직조하고 어루만졌던 것이다.

 어린 시절, 나는 마을 앞을 흐르는 내(川)가 영산강인 줄 몰랐다. 그저 단순한 냇가로 알았다. 어느 마을, 어느 지역, 어느 도시에나 있을 법한 그런 흔하디흔한 강으로 얕보았다. 그럼에도 강은 맑은 물줄기와 노란 모래밭으로 내게 환상의 세계를 활짝 열어주었다. 단언하건대 영산강은 궁벽한 시골이 주는 외로움과 적요를 낭만과 미의 세계로 견인하는 모티프였다. 혹여 내게서 찾을 수 있는 손톱만한 선한 것이 있다면 저 생명의 강에서 연유하였을 것이다.

 내 아버지는 타고난 농사꾼이었다. 부지런하기가 이를 데 없어 꼭두새벽이면 들에 나가 밤이슬이 내리는 저녁에 지친 몸을 이끌고 돌아왔다. 아버지의 몸에선 늘 풀꽃 냄새와 식은 땀 냄새가 났다. 아버지는 논

양수장 물을 푸는 날은 마을의 큰 잔칫날이나 매한가지였다. 논둑 가득 방방하게 물이 차오르면 어린 맘에도 알 수 없는 충일함이 넘쳤다. 이제는 기억으로만 남은 양수장은 어린시절의 외로움과 적요를 낭만과 미적세계로 견인하는 모티프였다.

이었고 강이었다. 당신은 늘 "가물어서 물을 어떻게 대나"라는 근심어린 말을 달고 살았다. 물이 일상의 모든 주제이자 당신의 존재 이유였다. 그 때문이었을까. 어린 시절 나의 의식 저변엔 강이 마르면 어쩌나 하는 두려움이 거의 강박처럼 깃들어 있었던 것 같다.

양수장 물을 푸는 날은 마을의 큰 잔칫날이나 매한가지였다. 논둑 가득 방방하게 물이 차오르면 어린 마음에도 알 수 없는 충일함이 넘쳤다.

농사는 온전히 자연의 흐름에만 의탁하는 게 아니다. 강은 저절로 밥을 만들지 않는다. 아니 못한다. 지난 시절 강이 가르친 가혹한 진실은 땀은 강물이 될 수 있으나 강물은 그 자체로 땀으로 환원되지 않는다는 불편함이었다. 그럼에도 농수로를 따라 흘러들어가는 물은 가녀린 식

개발이 덜 된 첨단지구는 허허벌판 그대로 방치된 곳이 많다.

    도를 따라 위장으로 흘러들어가는 밥물과 진배없었다. 그것은 한 인간의 생애 속으로 흘러들어간 생명의 원천이자 미세한 흔적이었다.
    마을의 흔적을 더듬어 본다. 더 이상 지도에 표기가 되지 않는 마을은 시간과 공간이 만나는 환상 속에서나 볼 수 있다. 내가 태어난 곳은 수풀에 덮여 기억의 한켠으로 숨어버린 지 오래다. 아버지는 5남매의 교육을 위해 내가 중학교에 입학할 무렵 논을 팔고 시내로 나왔다. "모든 것은 지나가고 지나간 모든 것은 아름답다"라는 말이 유독 아프게 귓가를 적시는 건 흔들리면서 사라져버린 유년의 기억이 너무도 가혹하고 쓸쓸하기 때문이 아닐까 싶다.
    이곳이 첨단과학산업단지로 지정된 것은 노태우 정권 때의 일이다. 선거직전 득표 전략 일환으로 첨단 공약을 발표한 것이었다. 공약은 고심이나 철학과는 거리가 멀었다. 피 묻은 손을 감추고 건네는 선물은 포장지만 화려해 도시 진정을 가늠할 수 없었다. 이십여 년이 지난 지금에도 첨단은 여전히 '개발 중'일 뿐 벌판은 허허롭고 잡풀만이 키를 높이는 실정이다. 온전한 첨단이 되기 위해선 녹록치 않은 현실과 참 비전이 하나로 포개져야 하지 않을까.

궁방의 농터인 궁장터가 있었다는 일화

한편 삼소지면에는 조선시대 왕실가족으로 일컫는 궁방(宮房)의 농토인 궁장토(宮庄土)가 있었다는 기록이 있다. 조광철 광주시립민속박물관 학예연구사는 정조 20년(1796) 가을에 전라감사 서정수가 조정에 올려 보낸 장계(보고서)가 이를 증명한다고 말한다. 잦은 가뭄으로 어느 궁방(왕실가족)이 나서 보를 쌓는 공사를 하면서 주민들의 땅을 제멋대로 강탈하는 일이 있었는데 이에 분격한 주민들이 현장 감독을 때리고 관아로 몰려가 농성을 했다는 것이다.

흥미로운 것은 전라감사 서정수의 장계(보고서)에는 사건의 원인제공자인 궁장토의 주인에 대해서는 전혀 언급을 하지 않고 있다는 점이다. 그런데 한말 때까지 이곳 빛고을에는 사도세자(정조)의 서자인 은언군(恩彦君)의 토지가 있었다고 하는데 만약 은언군이 위에서 언급한 궁장토의 주인이었다면 전라감사 서정수가 당시에 직접 실명을 거론하기는 힘들었을 거라는 예측이 가능해진다.

여하튼 위의 역사적 일화는 이곳 첨단지구의 근간인 삼소지면의 토지가 그만큼 비옥하다는 사실을 반증한다. 그리고 나의 탯자리인 궁암마을이 왕실의 궁장토와 모종의 연관이 있을 수도 있겠다는 생각이 든다. 마을 이름을 굳이 궁암이라고 지었던 데는 그만한 이유가 있을 법도 하지만, 그러나 이는 어디까지나 역사적인 추정일 뿐 명확한 증거는 아니다.

분명한 건 예나 지금이나 농민과 토지는 기득권층의 지배와 착취의 대상이라는 점이다. 지배층은 '천하지대본 철학'을 그들의 정치적 입

영산강둑에서 바라본 첨단지구 북쪽 지역.

지와 안위를 위해 내돌린다. 생명, 근간, 상생의 그 단순한 논리는 당장의 이익에 가려 보이지도 않는다.

과학의 도심, 첨단은 한층 더 '첨단스럽게' 변모할 것이다. 무한경쟁 바람은 너무도 가혹하게 전 국토를 개발의 전장으로 몰아가고 있다. 오래전 민초들의 질박한 꿈이 배어 있는 이 순결하고 순정한 땅은 이제 역사 속에서나 그 가치를 인정받게 될지 모른다.

논이 있던 자리를 오래도록 바라본다. 눈시울이 뜨거워진다. 오래전, 새벽잠을 깨고 나간 아버지가 물꼬를 대며 꿈꾸었을 미래를 가늠해본다. 그때의 시간과 지금의 시간이 눈앞에서 하나의 공간으로 수렴된다. 서로 다른 물줄기가 만나 하나의 강물을 이루듯.

08. 거진니루디

오늘도 기다리다 가노라

"비단 흐르는 것이 강물뿐이랴"라는 말을 떠올리지 않아도 이 담담하고 질박한 강물 앞에 서면 바람이, 빛이, 생명이 저절로 장구한 시간의 유속에 밀려가고 있음을 알게 된다.

강은 빛고을의 북구와 광산구를 가르며 흘러간다. 비단 흐르는 것이 세월뿐이랴 라는 말을 떠올리지 않아도 이 담담하고 질박한 강물 앞에 서면 바람이, 빛이, 생명이 저절로 장구한 시간의 유속에 밀려가고 있음을 알게 된다. 단애나 벼랑이 없는 평야지대를 관통하는 이 남도의 강물이 흐르고 흘러 도달할 곳은 당신들의 모든 비루함과 쓸쓸함 그리고 서러움을 묵묵히 받아주는 어머니의 품 서해의 바다일진대…….

나는 지금 거진(巨津) 나루터가 있던 지점에 서 있다. 그러나 아무리 둘러보아도 흔적이 없다. 수초와 모래만이 휑한 강둑을 채우고 있을 뿐이다. 이곳 사람들은 '거진'이라고 하지 않는다. '거징이'라고 말해야 비로소 알아듣고 고개를 끄덕인다. '거진'은 필경 외지인 입에서 나오는 말이고 '거징이'는 오랫동안 이곳에서 강을 맞대고 살았던 이들의 입에서 입으로 전해 내려온, 강물이 전해준 자연스러운 명칭인 것이다.

근대화 이전의 주요 교통수단 가운데 하나가 나룻배였다. 강을 건넌다는 것은 행위의 일방성을 넘는다. 물과 배라는 2차적 요인에 의해 행위가 견인된다. 도강은 말처럼 쉬운 일이 아니다. 목숨을 담보하거나 운명을 걸어야 한다. 일엽편주는 낭만의 정취만 깃들어 있는 게 아니라 일시의 중압도 투영되어 있다.

나루터는 이쪽의 삶과 저쪽의 삶을 연결해주는 공간이다. 그 자체가 본질은 아니지만 본질로의 매개를 지향한다. 사대부도, 양반도, 평민도, 상민도 강의 흐름에 몸을 맡겨야 하며 귀를 기울여야 한다. 그러나 역시 나루의 주 고객은 저잣거리의 장삼이사였다.

이곳에는 항시 떠나는 자와 남는 자 그리고 이 둘 사이의 징검다리 역할을 하는 나룻배와 사공이 존재한다. 따지고 보면 이들은 각기 삶과 시간이라는 연쇄와 매개의 관계에 의해 떠나는 자이면서 남는 자이며, 나룻배이면서 사공이며, 사공이면서 떠나고 남는 자로 자리바꿈을 하게 된다. 그리고 이편과 저편을 아우르며 여일하게 흐르는 존재의 강이 있을 뿐이다. 그러므로 강은 근원이며 본질이자 엄정한 경계다.

> "아주 옛날에 이곳에 나루터가 있었다고 헙디다. 당시로서는 광주 북쪽에 월봉, 용산, 거진 나루가 있었는디 그 중에 '거징이 나루'가 젤로 번성했다고 헙디다."

거진 마을에서 만난 한 촌로의 말에는 자못 자부심이 배어 있다. 예전에는 이곳이 교통의 요충지였다는 의미다. 그 옛날, 광주에서 서울이나 중북부 지역으로 가려면 반드시 영산강을 건너야 했는데, 그때 들르는 곳이 바로 거진나루였다.

현재의 거진 마을은 영산강과는 사뭇 떨어진 거리에 위치해 있다. 이는 원래 영산강의 본류가 이곳 마을 어귀에까지 걸쳐 있었다는 것과 지금과 같은 형태의 제방이 만들어지기 전에는 곧잘 강물이 범람하였다는 사실을 짐작케 하는 대목이다.

거진나루에 관한 기록은 『세종실록지리지』에도 소개되어 있다. 광주 북쪽에 위치한 지리적 위치 때문에 장성이나 정읍, 전주 방향으로 향하는 주요 길목이었을 뿐 아니라 유사시에는 장성 입암산성으로 피난을

옛 거진나루가 있던 거진마을. 나루터는 문헌에나 있을 뿐 흔적이 없다.

떠나는 기착지가 되었을 거라는 얘기다.

> 강이 풀리면 배가 오겠지
> 배가 오면은 님도 타겠지
> 님은 안타도 편지야 탔겠지
> 오늘도 강가서 기다리다 가노라
> 님이 오시면 이 서러움도 풀리지
>
> -「강이 풀리면」, 김동환

석양을 배경으로 수양버들이 늘어진 나루에 외로이 떠 있는 나룻배를 상상한다. 뭉클한 여운이 가슴을 훑고 지나간다. 실팍한 강물에 떠 있는 배는, 신산한 삶을 고스란히 견뎌온 이의 우직함을 대변하지만, 물살에 밀려 붉은 노을 속에 나붓나붓 춤을 출 때, 서러워 오히려 서럽지 않은 애이불비의 아름다움을 전해준다.

러시아의 거장 도스토예프스키는 아름다움이 이 세상을 구원하리라고 했던가. 그러나 나루터도 없고 배도 없으며 강물도 현저히 말라버린 이곳에서 그 말은 수정되어야 할 것 같다. 아름다움은 세상을 슬프게 한다고. 아니 삶을 굴절시킨다고!

석양을 바라보며 터벅터벅 첨단대교를 건넌다. 다리 아래로 크고 작은 여울이 기포처럼 수면 위에 떠 있고 그 주위를 면한 작은 땅덩이는 흡사 섬처럼 고독하다. 수초가 우거진 습지엔 오래 전 영화의 그림자가, 불망의 잔영이 드리워져 있다. 저 멀리 쭉쭉 뻗은 대로와 아파트 숲을 경계로 이름도 찬란한(?) 수십 개의 모텔이 병풍처럼 둘러친 모습이 보인다.

도심이 들어서면 가장 먼저 자리를 잡는 게 모텔인가 보다. 모텔은 자본주의의 첨단을 상징하며 첨단의 자본주의를 지향하는데, 그것의 한축을 생명의 근간인 성(性)이 견인하고 있다. 몇 년 전까지만 해도 자유의 여신상이 설치되어 있던 모텔건물은 어느새 병원으로 바뀌어 있다. 녹색의 십자가는 이전 건물이 주는 쾌락과 일탈의 분위기를 깨끗이 지워 한결 새뜻하다.

첨단지구가 속한 광산구가 광주시에 편입되기 이전까지 이곳은 전형적인 농경지대였다. 주민 대다수가 쌀·보리의 논농사와 채소 위주의 밭농사에 종사했다. 기름진 들에서 출토되는 각종 채소는 인근 비아장을 통해 거래되었는데 5일장이 서는 날이면 광주뿐만 아니라 인근 담양이나 장성지역 주민들까지 찾아올 정도로 활기를 띠었다. 지금도 5일장이 서는 날이면 시래기, 가지오가리, 고사리, 토란대, 쥐나물, 노라지, 고구마줄기와 같은 신토불이 농산물이 오가는 이들의 발목을 붙잡는다.

본격적인 첨단지구 개발은 지난 1995년에 시작되었고 지금은 대규모 아파트와 상업지구가 들어서 제법 도심 구색을 갖추고 있다. 이밖에도 광주과기원, 남부대, 방송통신대 같은 교육기관을 비롯 보훈병원, 첨단병원 등의 의료시설 그리고 쌍암공원, 첨단체육공원, 교통공원 같은 근린시설이 갖추어져 있어 여느 도심 못지않은 생활공간을 자랑한다. 더욱이 이곳은 국도 13호선(나주~비아)의 기점인데다 호남고속도로가 관통하고 있어 교통과 물류 부분에 있어서도 향후 발전 가능성이 높다.

쌍암동에 위치한 첨단호수공원.

　첨단지구의 대표적인 산업은 광(光)산업이다. 빛 관련 산업은 빛고을에서 시작되어야 한다는 암묵적인 동의가 가져온 결과이다. 지난 2000년 이후로 한국광기술원 등 광산업 지원기관과 관련 기업체 등이 입주를 시작하면서 이곳은 명실공히 광산업클러스터로 발돋움하고 있다.
　해가 지고 있다. 빛고을 빛의 단지에 노을빛이 쏟아지고 있다. 자연과 인위가 빚어낸 광휘는 무참하며 쓸쓸하다. 쓸쓸하며 무참한 광휘는 그 배후에 어둠을 지니게 마련이다. 찬란한 광휘로의 전이는 어쩌면 자연으로의 회귀 외에는 방도가 없을 듯하다. 이곳은 무시로, 더러는 아름답게, 때로는 처연하게 햇빛이 들이치는 빛의 들판이다. 빛은 또한 강물 위로 투과되어 현란하게 뒤섞이며 은밀하면서도 농밀한 밀어를 쏟아낸다.

하여, 이곳 첨단에서 마주하게 되는 우리의 미래는 빛과 강물의 조화라는 과제를 던진다. 흔히 길은 끝나는 곳에서 다른 길로 연결된다고 하지 않는가. 강도 그럴까. 결론부터 말하자면 강도 그러하다. 물길이 끝나는 지점을 연하여 또 다른 물길이 열리며 그 물길은 더 큰 물길로 나아가기 위해 스스로를 버리고 침묵함으로써 타자와의 완전한 합일에 이른다.

첨단대교 위에서 휘돌아가는 강을 보며 강물과 빛의 속삭임을 엿듣는다. 나는 이곳에서 강과 빛과 사람이 하나로 이어지는 생명의 연을 기원한다. 더불어 '살아있는 나르시스'를 꿈꾼다. 나르시스는 연못에 비친 자신의 모습에 반하여 그 연못에 빠져죽은 신화 속 인물이지 않는가. 그러나 '살아있는 나르시스'는 맑은 강을 통해 스스로의 내면을 성찰하는 반성적 자아에 방점이 놓여 있다.

저문 노을이 비친 강은 수줍고 아련하다.

09. 동림지구

산동교 건너 퐁네프에 가면

역사가 숨쉬는 다리공원으로 탈바꿈한 산동교, 이곳에는 과거와 현재 그리고 미래의 모습이 공존한다.

며칠째 장맛비가 내렸다. 극심한 가뭄으로 제한급수 말이 오가던 즈음에 쏟아진 비라 반갑기 그지없다. 비는 농토와 산야를 적시고 타들어 가던 농심을 적셨다. 그러나 침수피해로 한해 농사를 망친 곳도 있다. 삶의 터전이 다 망가져 버린 것이다.

하루 강수량을 돈으로 환산하면 족히 5천억의 가치는 넘는다고 한다. 일조량 또한 어림잡아 그 이상의 가치를 창출하고도 남는다는데 이 무한한 자연의 은전이 하루아침에 재앙으로 돌변해버린 것은 인간의 탐욕이 빚은 결과 때문인지 모른다. 개발과 효율이라는 만능의 가치가 가져온 응보이다.

이 세상 모든 만물은 긴밀히 연결되어 있다. 이러한 원리는 관계성에 기초한다. 비와 바람이, 해와 강이, 바다와 산이 저마다 하나로 연결되어 서로 영향을 주고받는다. 즉시성의 실현이자 상생의 기본원리다.

광주 북구 동림동은 영산강을 연해 있는 외곽이다. 나는 이곳에서 잠시 시산을 서늘러 억사석 공산으로 나실을 떠나고자 한다. 출발지는 산동교 친수공원.

다리를 건너면 광산구 신창지구로 연결되고, 강 앞쪽으로는 신가지구로 이어진다. 신창, 신가 모두 90년대 이후 택지개발로 형성된 외곽도심이다. 좌로는 광주의 중심축 상무지구와 연결되고 뒤로는 광산업의 메카인 첨단지구로 연결된다.

문헌에 따르면, 광주 운암산 자락에 위치한 동림동은 동배(東背)와 죽림(竹林)의 마을이름에서 기원한다. 조선 후기 광주군 황계면에 속했지만 이후 행정구역 통·폐합에 따라 동배리, 죽림리, 용산리의 각 일부

산동교에서 바라본 동림 1지구의 풍경

와 군분면의 쌍촌리 일부, 덕산면의 동작리 일부 그리고 석제면의 외촌리 일부를 병합하여 동림리라 해서 극락면에 편입되었다. 그러다가 1955년 광주시에 편입되어 동운동의 관할이 되었고 다시 1997년 동운동이 운암동과 동림동으로 분할되면서 '동림'이라는 원래의 명칭을 찾게 되었다고 한다.

역사가 숨쉬는 다리 공원 '산동교'

이곳엔 강을 가로질러 세 개의 다리가 놓여 있다. 구(舊)산동교, 산동교, 광신대교……. 전자는 차량의 통행이 끊어져 유물처럼 강물에 떠 있고, 중간과 후자는 각기 일반도로와 고속도로를 연결한다. 세 다리는 각기 아날로그와 디지털 그리고 광속도로 비유될 만큼 확연히 다른 흐름을 낳는다.

차량의 운행이 멈춰버린 구 산동교는 살아있는 역사로 존재한다. 이 다리는 1934년 광주~장성간 도로가 뚫리면서 일제가 건설한 것으로 228m의 철근콘크리트 구조물이다. 아치형의 교각이 나름 모던하고 이국적이다. 얼핏 「콰이어강의 다리」라는 영화에서 봄직한 구조를 떠올리게 한다.

태평양 전쟁 당시 일본군은 미얀마를 공격하기 위해 태국에서 철로 복구 사업을 벌인다. 연합군 포로를 투입하여 진행된 복구사업은 실로 인간을 얼마나 가혹하게 추락시킬 수 있는가를 보여준 만행과 억압의 절정판이었다. 영화에서 니콜슨 대령은 자신이 지휘하여 만든 다리를 폭파하는 심정을 "나는 무엇 때문에"라는 독백으로 참담한 고뇌를 드러낸다. 전쟁은 모든 파괴 위에서 피어나는 악의 꽃이다. 그러나 일본군 군용 열차가 나락으로 추락하는 순간 전쟁의 참상은 기억되어야 할 역사로 현재화된다.

구 산동교는 '역사가 숨쉬는 다리공원'으로 온전히 탈바꿈해 있다. 하나의 역사 세트장을 복원해 놓은 것이다. 2007년 동림동 자치위원회에서 구 산동교의 과거를 돌아보고 현재와 미래를 밝히는 등불이 되기를 바라며 추진한 사업의 성과물이다. 다리공원은 모두 세 개의 테마로 구성되어 있다. 영산강을 그리는 아이들, 동림동의 역사, 삼국시대 유적 및 유물이 각기 사진과 그림, 시문으로 재현되어 있다.

아이들의 꿈꾸는 영산강은 인간과 자연이 더불어 공존 공생하는 상생의 강이다. 아이들은 영산강을 지키는 신비한 용을 타고 룰루랄라~ 룰루랄라~ 즐겁게 노래하며, 용은 오염원을 빨아들이고 정화시키는 역할을 수행한다. 아이들은 동화와 환상을 넘나들며 모든 것이 합일되는 세계를 지향하고 있다.

고대의 역사와 사람의 이야기가 한자리에

동림동 유적은 2003년 7월부터 2005년 4월까지 시행된 발굴조사를 통해 드러난 백제시대 마을 터를 기반으로 한다. 발굴결과 이곳에서는 백제시대 집터 100채, 무덤 2기, 곡물저장 관련 구덩이 120여기, 도랑 150여기, 우물 2기, 국내 최고 수리시설로 판단되는 보(洑) 등의 목조구조물이 있었던 것으로 밝혀졌다.

이 같은 유적 유물의 분포는 광주 시내에서 조사된 유적 가운데 규모가 가장 크고 내용 또한 다양하다. 집터나 우물 등은 과거 백제시대 마을의 모습을 재현할 수 있는 자료로 평가된다.

수초와 풀밭 위로 샛노란 나비가 난다. 감국, 범부채, 금불초, 왜성술패랭이, 참나리, 흰갈풀 이름도 생소한 꽃들이 피어 있다. 하지만 내 눈엔 코스모스만 보인다. 철없이 핀 코스모스가 철없는 나를 반갑게 맞이한다. 철없는 코스모스가 주는 위안에 조금 철이 드는 기분이다.

강변에 선 퐁네프 찻집은 이곳의 명물이다. 파리 세느강에 있는 다리 중 최고로 오래된 다리의 이름이 퐁네프란다. 이곳으로 치면 구산동교쯤에 해당할 터이다. 거대한 잠자리 날개 모양의 풍차가 제법 이국적인 분위기를 자아낸다. 금방이라도 바람이 불면 거대한 날개가 파닥거리며 허공을 휘저을 것 같다.

아주 오래 전에 나왔던 프랑스 영화중에 「퐁네프의 연인」이 있다. 시력을 잃은 미셸 화가와 곡예사 알렉스가 퐁네프 다리를 배경으로 거칠면서도 아름다운 사랑 이야기를 나눈다는 내용이다. 프랑스 영화답게 예술적 영상미가 돋보이는 작품이었다.

이곳 강변에 서 있으면 영산강의 정취와 더불어 프랑스 영화 「퐁네프의 연인들」의 주인공이 된 듯한 착각이 든다.

현실의 난관이 많을수록 사랑은 슬프고 아프다. 본시 강과 다리를 배경으로 한 사랑은 출렁일 수밖에 없다. 그러므로 출렁이지 않는 사랑은 사랑이 아니다. 출렁임을 가장한 사랑이 넘쳐나는 세상에 영화 퐁네프의 연인은 많은 것을 시사한다.

해의 잔광이 산동교를 벌겋게 물들인다. 고대의 역사와 사랑의 이야기가 만나는 이 다리에 서서히 어둠이 내린다. 나는 비로소 나는 내 마음의 강에 닻을 내린다.

강물 소리 신고 극락으로 떠나는 열차

풍영정. 정자의 이름이 꽤 시적이다. 그곳에 가면 절로 운문이 나올 것 같다. 장마가 그친 뒤끝 뙤약볕이 자못 따갑다. 영산강 둑을 따라 풍영정 가는 길은 휑하니 비어 있다. 강물 물굽이 너머 적요와 쓸쓸함이 피어난다. 오래전에 잊혀진 빛나는 영상이 수면 위로 떠오른다.

사전적 의미의 풍영(風詠)은 '시가를 읊조린다'는 뜻이다. 그러므로 풍영정은 시와 노래를 즐기는 공간이다. 누정에 앉아 풍경을 완상하며 내면의 소리에 귀를 기울이는 것이다.

풍영정은 광산 출신 김언거 선생(1503~1584)이 중앙의 승무원 판교라는 벼슬을 하직하고 고향으로 돌아와, 지금의 신창동 선창산과 영산강 상류인 극락강이 만나는 자리에 지은 정자다. 건립 초기에는 12동이나 되는 제법 큰 규모였지만 병화에 불타고 지금은 한 채만 남아 있다.

김언거 선생은 1531년 문과병과에 오른 뒤, 교리, 응교 등의 내직을 거쳐 이후 상주, 연안의 군수를 끝으로 벼슬을 마감한다. 이후 향리로 내려와 이곳에 정자를 짓고 시문을 읊으며 여생을 보낸다.

정자 내부에는 하서 김인후를 비롯하여 퇴계 이황, 고봉 기대승, 한

풍영정에서 바라본 극락강.

보수 중인 풍영정.

음 이덕형, 제봉 고경명 등 조선 대유들의 글귀가 걸려 있다. 그 가운데 눈길을 끄는 것은 조선의 명필 한석봉이 쓴 제일호산이라는 편액이다.

'第一湖山'이라? 다소 과람한 상찬이 아닌가 싶지만 그러나 김인거가 이곳에서 바라본 풍광의 정취는 그 이상을 넘는 듯하다. 단순한 임산배수라는 풍수의 천리를 뛰어넘는다. 앞으로 극락강이 흐르고, 너머엔 푸른 벌이 펼쳐져 있고, 뒤로는 높지도 낮지도 않은 산이 자리한다. 이곳을 지나는 길손이라면 누구나, 비록 그가 시문에 뛰어난 선비가 아닐지라도 이미 그의 마음속에선 시어가 발아될 터이다.

벼슬길에 있으면서 편히 쉬지 못했는데/ 높은 누락에 올라서니 모든 근심 사라지네/ 노를 젓는 사공 그림자 달빛 아래 비쳐있고/

물을 찾는 기러기떼 바람소리 차갑도다/ 이름 높은 이 지역 한없이 화려하니/ 지나가는 길손들이 찾아와서 머무르네/ 난간 위에 기대 앉아 여러 훌륭한 선비들의 시편을 바라보니/ 칠수나산(漆水羅山)의 아름다운 경관이 만추를 이어가리.

— 김인거 詩

풍류와 욕망의 이중적 공간

사실, 조선시대 정자는 다양한 의미를 함의하는 중층적 공간으로 기호화된다. 거기에는 정쟁과 사화, 칩거와 은일이라는 병립의 이미지가 투영되어 있다. 의식 있는 선비들은 아귀다툼의 현장에서 벗어나 초야에 묻히기를 원했다. 그러나 이 세상 어디에도 은자의 낙원이 존재할 수 없다는 사실을 그들은 너무도 잘 알고 있었다. 자연스레 강과 들 그리고 언덕이 면한 곳이 선택되었다. 그곳을 중심으로 안과 밖의 길이 이어지고 세상의 소리가 걸러지며 사람의 정리가 교류되었다. 닫혀 있으면서도 열려 있고 열려 있으면서도 닫혀 있는 이 공간의 확장성과 매개성은 한때 벼슬길에 있었던 선비들만이 누릴 수 있는 소소한 특권이자 자기성찰의 통로였다.

철학자 들뢰즈와 가타리는 '권력과 욕망은 별반 다르지 않으며 권력이 욕망이 되고 욕망은 권력이 되는 내재적 관계에 있다'고 본다. 그것은 어쩌면 '순수한 욕망이란 존재하지 않으며 욕망은 언제나 특정한 배치로서 존재한다는 사실'을 의미하는 것일지 모른다.

풍영정에는 중앙정치에서 물러나 초야에 묻힌 관류의 담담한 심사마이 드러나 있지는 않다. 권력과 욕망에 대한 은근한 향수 또한 그 기저에 배어 있는지 모른다. 뙤약볕 아래 고된 농사일을 하는 이들을 굽어보는 자리이기도 하며 한때는 나라의 녹을 받았던 이의 자부심이 은연중 드러나는 공간이기도 했다.

극락강 붉은 철교 위로 기차가 달린다. 허공으로 아스라이 사라지는 기차가 도달할 곳은 어디인가. 저 노란 황톳물줄기가 영산강 상류 물줄기인 극락강이라는 이름으로 불리는 이유를 비로소 알 것 같다. 정자에서 극락은 풍경 너머의 질서와 논리에 편재된 또 다른 세상이다.

사람은 누구나 차별과 대립이 없는 세상을 꿈꾼다. 욕망과 권력의 교묘한 배치와 다툼이 없는 관계를 희원한다. 그곳엔 정규와 비정규라는 벽이 존재하지 않는다. 극락에서는 현세에서의 비정규와 마이너가 정규와 메이저로 뒤바뀔지도 모른다. 현세에서 잘 나간다 하여 교만해서도, 삶이 힘들다 하여 위축되어서도 안 되는 이유가 여기에 있다.

그대, 일상이 고단하고 허전하여 까닭 없이 눈물이 흐르는 날 한번쯤 이곳에 와보게나. 쓸쓸함과 비루함을 잠시 털어줄 마음의 강과 간이역이 이곳에 있다네. 볕이 좋은 날 열차를 타고 길을 떠나도 좋을 듯싶으이. 아마도 종착지는 그대의 집이 아닐는지…….

풍영과 극락. 동일한 선에서 조우하는 표상이다. 새로운 에너지와 관념을 견인하고 창출한다. 이 정자에서 강을 바라보며 떠올릴 소원은 다른 무엇이 아니다. 새로운 날의 도래, 새로운 문장의 도래, 새로운 사람의 도래, 새로운 사랑의 도래, 새로운 미래의 도래를 꿈꾸는 것이다.

극락강 붉은 철교 위로 기차가 달린다. 허공으로 아스라이 사라지는 기차가 도달할 곳은 어디인가?.

쓸쓸함과 비루함 덜어줄 마음의 간이역

극락강역은 1922년 일제에 의해 설치된 간이역이다. 광산이 광주로 편입되기 이전에는 송정리를 거쳐 목포나 서울로 향하는 길목의 요충지였다. 그러나 지금은 목포 방면으로 출퇴근하는 40~50명의 승객이 이용할 정도로 한미한 수준이다. 유일하게 무궁화 열차가 정차하는데 이것도 교행의 역할에 초점이 맞추어져 있을 뿐이다.

한때 이곳에서는 쥐꼬리무라는 토산물이 다량으로 생산되었다. 이 쥐꼬리무가 서울행 열차에 운송, 판매됨으로써 전국적으로 '극락강무' 명성이 알려졌다. 그런데 지금은 역사 뒤로 들어선 빌딩과 아파트 숲으로 무의 자취를 찾기가 힘들다.

역사는 옛날 슬레이트집을 연상할 만큼 작고 소박하다. 앞마당엔 사

풍영정 인근의 극락강역은 전형적인 간이역의 풍경을 간직하고 있다.
극락강역에서 극락을 꿈꾸는 일은 무모하다. 그러나 무모하기에 결코 버릴 수 없는 내밀한 욕망임을 고백하지 않을 수 없다.

루비아꽃, 분꽃, 사철나무가 심어져 있고 빈터에는 층층이 쌓인 침목이 보인다. 전형적인 간이역의 풍경이다. 이곳 역무원으로 근무한지 2년 되었다는 이호환 씨는 "여객 손님이 많지 않아 한가하지만 안전에 신경이 쓰이는 건 대도시 역이나 매한가지"라고 덤덤하게 말한다.

볼프강 쉬벨부쉬는 그의 저서 『철도여행의 역사』에서 "철도는 한편으로 이제까지 마음대로 할 수 없었던 새로운 공간들을 열어놓았지만, 다른 한편으로 이러한 일을, 그 사이의 공간을 없앰으로써 가능하게 했다"고 한다. 현재의 간이역 운명이 바로 그렇다. 역설적인 논리의 작용이다. 철도를 통해 기존의 공간이 배제되고 새로운 공간이 확장되었던 것처럼 쇠락의 길로 접어든 간이역은 여행자들에게 직관과 표상의 창을 활짝 열어주고 있다. 이곳에서 그들은 시간과 공간을 재해석하며 자각적이고 개별적인 잠재성에 귀를 기울인다.

남행하는 무궁화호 열차를 바라보며 이곳이 극락강역임을 다시 확인한다. 저 멀리 풍영이 누정이 솔숲에 가려 흔들린다. 이곳이 성녕 낙원인가. 실재하는 공간인가. 극락을 꿈꾸는 일은 무모하다. 그러나 무모하기에 결코 버릴 수 없는 내밀한 욕망임을 고백하지 않을 수 없다. 사루비아꽃이 바람에 흔들리며 달뜬 미소를 던진다.

🏷️ 11. 광주 상무지구

영원한 청춘의 도심

영산강 너머 상무지구의 모습. 수풀 너머의 저편은 정갈한 새색시의 자태다. 그러나 이면엔 과거의 역사와 현재의 상흔이 조우하는 매개적 공간으로서의 의미를 담지한다.

강은 시간이다. 아니 시간은 강이다. 모든 강은 시간의 흐름을 타고 흘러간다. 강이 흘러 도달하는 곳은 바다가 아니라 시간의 바다다. 볼 수 없고 만질 수 없는 시간은 신비롭다. 강을 품은 시간과 시간을 품은 강은 하나의 흐름이다. 모든 사람들은 시간의 강에 떠밀려 미지의 세계로 영혼의 세계로 흘러간다. 한 조각 허허로운 종이배처럼.

강은 잠시 숨을 고르며 유속을 낮춘다. S자의 부드러운 굽이는 오랜 세월을 내달려온 강이 만든 물길이다. 그 나긋한 곡선은 부드럽고 절묘하여 사내의 애를 태우는 처녀의 뒤태를 닮아 있다. 그 강을 배경으로 무리지어 피어난 들꽃과 키를 높인 수풀은 한 폭의 담백한 산수화를 열어놓았다. 사시사철 삼라만상 가운데 그 흐름이 아름답기로 강의 풍경만한 것이 있을까.

신창지구를 넘어 신가지구를 지나 나의 걸음은 강물처럼 느리다. 둑길 위로 하오의 뜨거운 볕이 쏟아진다. 빛고을, 빛의 도시답게 강으로 내리꽂히는 빛은 찬란하고 날카롭다. 이 빛이 있어 '영원한 청춘의 도시' 광주의 변혁이 가능했는지 모른다. 빛으로 일어난 도시, 빛으로 흥하리라.

상무도심은 정갈한 새색시의 자태다. 그러나 이면엔 과거의 역사와 현재의 상흔이 조우하는 매개적 공간으로서의 의미를 담지한다. 죽은 자와 산 자가 경계를 넘어 대화하는 소통의 장이다.

1996년 정부는 이곳에 있던 군부대를 이전시키고 대규모 택지개발을 추진했다. 상전벽해, 단장된 도심은 새뜻하다. 시청, 한국

광주 상무지구 91

은행, 방송국, 우체국, 대형쇼핑센터, 등기소 등등. 힘 있고 돈 있는 기관들은 이곳에 다 자리해 있다.

그러나 무엇보다 이곳은 시대의 곡절이 배태되었던 역사적 공간이다. 80년 광주민중항쟁 당시 신군부의 군사작전이 이곳에서 이루어졌다. 12·12 군사반란으로 권력을 찬탈한 신군부는 민주화의 열망을 잠재우기 위한 제물로 빛고을을 선택했다. 광주는 당시 대중적 지지를 받고 있던 DJ의 정치적 고향이기도 했다.

전두환을 비롯한 신군부 일당은 자신들의 정치적 야심을 위해 반란을 모의했다. 그들은 군인이 지켜야 할 정의와 본분을 헌신짝처럼 버렸다. 손에 피를 묻힌 그들은 더 이상 군인이 아니었다. 아니 인간이 아니었다. 빛의 도시는 권력의 욕망에 불타오르던 몇몇의 정치군인들에 의해 '피의 도시'로 물들고 말았다.

역사의 심판은 냉혹하며 에누리가 없다. 시간이 흘러 5·18은 군부에 항거한 자발적 민중운동의 소산이라는 평가를 받았다. 구한말의 갑오농민혁명, 일제 강점기의 3·1운동, 4·19학생혁명을 잇는 사회변혁운동으로 발돋움했다. 그와 달리 쿠데타 세력은 학살자라는 이름으로 민중의 뇌리에 각인되었다. 역사의 법정에선 더 가혹한 대가를 치러야 할 것이다.

권불십년(權不十年)이라는 말은 그래서 치국을 하려는 이들이 떠받들어야 할 금과옥조다. 잠언에도 "섰다 하는 자는 넘어질까 조심하라"는 말이 있다. 정치가 살아 움직이는 생물이라지만 생물처럼 부패하기 쉬운 것도 없다. 뙤약볕 아래 놓인 죽은 생선에 비할 바가 아니다. 그러므로 입버릇처럼 외치는 섬김의 본질은 '떠나야 할 때'를 상정하는 데

5·18기념공원 내에 있는 팔각정 전경.

서 출발해야 한다. 섬김과 공정, 공생은 현란한 수사로는 획득될 수 없다. 철저한 자기부정과 낮춤이 없이는 그 진정성이 담보될 수 없다.

5·18기념공원을 둘러보고 역사를 생각한다. 역사는 도도한 흐름으로 강의 생래와 진배없다. 역사 정의의 고전이 되어버린 아놀드 토인비의 '도전과 응전'처럼 불의에 대응하고 진실에 도전하는 것, 그 이상도 이하도 아니다.

단성대에 올라 그날의 가멸찬 함성과 의미를 되짚는다. 5·18기념공원은 광주민중항쟁의 역사적 진실을 알리고 계승, 발전시키기 위해 조성된 시민문화공간이다. 지난 1996년 광주시민에 대한 보상차원에서 상무대 옛 부지 10만여 평을 공원부지로 무상 양여하여 조성했다. 5·18 기념문화관을 비롯하여 현황 조각 및 추모승화공간, 단성대, 대성전, 오월

무각사. 배롱나무 붉은 꽃이 눈길을 끈다.

루, 대동광장, 전통연못, 팔각정, 학생 교육문화회관 등이 들어서 있다.

기념공원을 걷다 보면 그날의 울분과 강개를 오롯이 느낄 수 있다. "산자여 따르라, 산자여 따르라"고 외치던 시민들의 절규를 온몸으로 느낄 수 있다. 거짓된 회유와 총칼의 겁박에 굴하지 않던 의로운 이들의 응전을 되새김질하게 된다.

단성대 주위로 수백, 수천 마리의 고추잠자리가 허공을 난다. 무리지어 피워 올리는 소리에 다순 숨결과 의지가 배어 있다. 어쩌면 의롭게 죽은 이들의 넋이 오늘의 증언자로 환생했는지 모른다. 배롱나무의 깨끗하고 순정한 꽃그늘 아래 앉아 잠시 눈을 감는다. 한 손을 뻗어 그 가녀린 줄기를 어루만지면 이내 붉은 꽃잎이 포르르 떨어져 내릴 것만 같다.

오래도록 배롱나무 꽃에 눈을 준다. 바람이 불어온다. 그늘 아래로 붉은 조각이 포르르 떨어진다. 바람에 떨어지는 것이 꽃잎인지 고추잠자리인지 알 수 없다. 꽃잎 지는 곳에 다음의 생이 피어난다. 다음의 풍경이 펼쳐진다. 우리들의 소소한 삶의 조각이 이어진다.

기념공원과 이웃한 무각사에서 들려오는 맑은 풍경소리에 귀가 맑아진다. 서늘한 풍경소리가 온몸을 적신다. 대웅전 처마에 수능 백일 기도회를 알리는 플래카드가 걸려 있다. 인생사 고해라. 인생사 시험이렷다. 중생은 평생 시험장을 떠날 수 없나 보다. 모든 시험, 시름 잠시 내려놓고 붉은 배롱나무 꽃그늘에 앉아 단잠을 자고 싶다. 호접몽 나비처럼 붉은 꽃잎 위에 사뿐히 내려앉아 그날에 스러져갔던 순정한 영혼들의 넋을 위무하며, 산자들의 희원을 빌고 싶다.

5·18기념공원을 나와 다시 영산강으로 방향을 잡는다. 역사의 주체가 누구인가에 대한 답은 관점의 차이만큼이나 상이하다. 그러나 분명한 사실은 강은 평범하고 비속한 인물들의 삶을 넉넉히 포용한다는 것이다. 시간이 영속성은 장산이사들의 고단한 삶도 역사와 진실이라는 이름으로 복원한다.

잠시 걸음을 멈추고 다리 아래를 내려다본다. 그다지 맑지도 수려하지도 않은 이 강가에 서면, 모든 것은 흐름으로 귀결된다는 엄정한 진실을 보게 된다. 더러 진실은 밖에서 안을 보는 시선에 의해 명징하게 드러나는 것인지 모른다. 권력에 물들지 않는 눈이 역사를 만든다. 역사를 지킨다.

서창들녘에서 강물은 하나가 되어 또다른 강을 포태한다. 강을 그렇게 들을 살찌우고 씨앗을 기른다.
"아무렇지도 않고 예쁠것도 없는 사철 발벗은 아내가 따가운 햇살을 등에 지고 이삭 줍던 곳" 혹여
그곳이 서창들녘이 아닐까?.

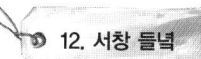
12. 서창 들녘

서쪽 곡창을 적시는 저 강줄기

오늘은 서창 들녘에 나왔다. 빛고을에서 가장 너른 들녘, 서창은 뙤약볕 아래 평화롭다. 서창(西倉). 말 그대로 서쪽의 곡창이라는 뜻이다.

강을 따라 군데군데 사주를 축소한 모양의 지형이 펼쳐져 있고 배후엔 넉넉한 들이 자리한다. 광주 서구 마륵동, 남구의 대촌동, 광산구 용봉동이 강을 경계로 접경을 이루는 곳이다.

예나 지금이나 너른 들을 보면 오랜 친구를 만난 기분이 든다. 들은 내게 원형질의 공간이다. 흙의 존엄과 가치를 몰랐던 어린 시절에도 늘 판에 나오면 알 수 없는 충일함이 느껴졌다. 흙에서 자양된 정서가 나를 만들고 지배했다.

영산강 둑길에 서서 정지용의 「향수」를 외워본다. 풀꽃 같은 언어들이 일상에 지친 피곤을 씻어준다. 유독 "흙에서 자란 내 마음"에 필이 꽂히는 건 콘크리트로 둘러싸인 도심에 지쳐가고 있다는 반증이다. 생명에 대한 외경과 성찰은 흙을 태토로 싹트고 자란다. 그러나 돌아보니 흙을 지향하던 순수하면서도 빛나던 한 시절은 가없이 지나가버렸다. 마치 병아리가 물 한 모금 마시고 하늘을 보는 순간처럼.

서창들녘 앞을 지나는 영산강의 구부러진 모습.

　서창들녘은 온통 은빛의 바다다. 시설채소를 가꾸는 비닐하우스가 들판을 가득 메운 때문이다. '친정米'는 이곳의 대표적인 농산물이다. 친정어머니가 지은 쌀처럼 밥맛이 좋기에 붙여진 명칭이란다. 매끈하게 빠진 서창 가지도 빼놓을 수 없는 특산품이다. 공동 선별 공동 출하는 그만큼 상품성에 자신이 있다는 의미다. 좋은 가지 요건은 무엇보다 크기가 균일하고 단단하며 모양이 예뻐야 한다. 육질이 촘촘하고 연하며 씨도 없어야 한다. 물론 크기와 모양이 반듯하다고 다 좋은 건 아니다. 때깔이 고르며 은은한 광택이 나는 게 좋다. 안과 속이 튼실한 가지가 맛도 좋다는 얘기다.

제방을 따라 황색의 코스모스 너울너울 손짓하고

　영산강 제방을 따라 핀 코스모스가 너울너울 손짓을 한다. 분홍색도, 붉은색도, 흰색도, 아이보리색도 아닌 황색의 코스모스는 관능적이며 이국적이다. 식물도감에는 국화과의 한해살이식물로 멕시코가 원산지라고 나와 있다. 황화는 제방을 연한 실팍한 강줄기와 살뜰한 대조를

가을이면 영산강 제방을 따라 황색의 코스모스가 줄지어 피어 있다.

이룬다. 불어오는 바람에 코스모스가 군무를 이룬다. 춤을 추는 코스모스, 춤을 추는 강물이 가을을 유혹한다. 가을을 품는다. 가을이 스스럼없이 안긴다.

하오의 햇볕으로 강물은 은빛으로 타오른다. 코스모스와 도란도란 이야기를 나누며 흘러가는 강물이 묻는다. 그대 마음의 들녘은 어디인가. 당신이 꿈꾸는 에덴은 어디에 있는가. 서창에서 강물은 그렇게 에덴의 동쪽을 묻고 있다.

한때는 천하지대본이라고 여겨지던 농자가 길수록 '전안시내본'이 되어가고 있다. 무한경쟁은 풍요라는 씨앗만 뿌리고 거두라고만 강요한다. 무한경쟁은 화려한 열매만을 따라고 부추긴다. 이 시대 저 고운 흙속에 뿌려야 할 씨앗은 무엇일까. 흘러가는 강물에 이제는 우리가 답을 해야 할 차례다.

전설 바다에 춤추는 밤물결 같은
검은 귀밑머리 날리는 어린 누이와
아무렇지도 않고 예쁠 것도 없는

서창에서 멀지 않은 곳에 고경명 선생을 기리기 위해 세워진 포충사가 있다.

> 사철 발벗은 아내가
> 따가운 햇살을 등에 지고 이삭 줍던 곳
> 그곳이 차마 꿈엔들 잊힐리야.
>
> — 「향수」, 정지용

 영산강과 황룡강이 합수되는 지점은 특유의 물빛이 감돈다. 물에도 색이 있나 보다. 두려움과 떨림으로 만나는 강줄기는 이내 영원의 띠를 이룬다. 이곳 서창 들녘에서 강물은 하나가 되어 저렇듯 또다른 강을 포태한다. 강은 그렇게 들을 살찌우고 씨앗을 기른다. "아무렇지도 않고 예쁠 것도 없는 사철 발벗은 아내가 따가운 햇살을 등에 지고 이삭 줍던 곳", 혹여 그곳이 이곳 서창들녘이 아닐까 생각해본다. 강물이 적시는 들은 모두 '향수'의 근원이 아니던가.

영산강이 유순하고 단아한 이미지라면 황룡강은 다소 거칠고 원시적이다. 영산강이 감성의 아우라를 상징한다면 후자는 이성의 아우라를 내재한다. 두 강줄기가 영산강으로 지칭되지만 사실 그건 하나의 표식일 뿐, 황룡강으로 부른다 해도 틀린 것은 아니다. 영산의 물줄기는 황룡으로 가는 길이며, 황룡의 물줄기는 영산으로 가는 길이다. 그러므로 두 강은 암수가 하나인 자웅동체와 다를 바 없다.

가끔씩 비행기가 날아들며 굉음이 귀청을 울린다. 이제 보니 인근에 비행장이 자리해 있다. 강과 비행기. 들판과 군부대. 이곳은 열려 있으되 열려 있지 않는 이중적 공간인 셈이다. 생명과 죽음이 교묘하게 뒤얽혀 있다. 진실과 허위가 위태롭게 배면하고 있다.

제방에서 노인들 몇이 부지런히 낫질을 한다. 가까이 다가가 여쭈어 보니 희망근로 일환으로 풀베기를 하고 있단다. 희망이라는 말이 낯설고 이물스럽다. 뙤약볕 아래서 일하는 노인들에게 어떤 희망이냐고 묻는 건 결례일지 싶다. 희망마저 갈수록 계수되는 시대에 살고 있으므로.

강은 여일하게 흐르며 스스로 저물어 간다. 어떻게 사는 게 희망을 잃지 않는 삶일까. 성경속의 한 구절을 떠올리며 그 의미를 되짚는다.

> 내가 비천에 처할 줄도 알고 풍부에 처할 줄도 알아 모든 일 곧 배부름과 배고픔과 풍부와 궁핍에도 처할 줄 아는 일체의 비결을 배웠노라.

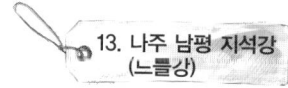
13. 나주 남평 지석강 (느를강)

엄마야 누나야 강변 살자

드들강의 수면은 온통 은빛의 모래를 흩뿌려 놓은 듯 명징하고 눈부시다. 비단잉어의 비늘 같은 잔물결 위로 투과되는 가을볕은 황홀하고 신비롭다.

남평 면소재지에서 십분 거리에 지석강 유원지가 있다. 그 강의 표면은 온통 은빛의 모래를 흩뿌려 놓은 듯 맑징하고 눈부시다. 비단잉어의 비늘 같은 잔물결 위로 투과되는 가을볕은 황홀하고 신비롭다. 소금을 흩뿌려놓은 듯한 봉평의 메밀밭 풍경도 이곳의 낭만과 요적에는 필적하지 못한다. 그 수려한 풍광 앞에 유원지라는 레테르를 붙이는 게 온당한지 자꾸 의문이 들었다.

빛고을을 지난 영산강은 화순과 남평에서 내달려온 지석강과 몸을 섞는다. 지석강은 호남정맥의 계당산과 보성 노동과 화순 이양의 경계 지점인 예재에서 발원한 물줄기로 영산강의 대표적인 지류다. 두 강이 만나는 지점이 바로 나주 남평이다.

나주는 영산강 하면 가장 먼저 떠오르는 도시다. '천년 목사골'은 단순한 수사를 넘어 나주의 정체성과 자부심을 함의한다. 그도 그럴 것이 고려 성종 때 목(牧)으로 승격된 이래 일제시대 이전까지 줄잡아 1000여 년이 시간 동안 호남을 대표하는 도시였다. 전라도의 어원이 나주(羅州)와 전주(全州)의 첫 글자를 따 만들었다는 것은 익히 알려진 사실이다.

지석강의 순우리말은 '드들강'이다. 일설에 따르면 오랜 옛날 이 강변에 드들이라는 처녀가 살았다고 한다. 머슴의 딸로 태어난 그녀는 어린 시절 지주의 횡포로 부모를 잃고 수양이라는 머슴 손에 키워졌다. 어느 날 지주가 자신을 성폭행하려 하자 드들이는 강변에 몸을 던지고 만다. 이곳에 부임한 현관이 억울하게 죽은 드들이의 한을 풀어주자 강의 범람이 멈추었다. 그 후 강 주위에 나무를 심고 드들이를 보살펴주던 수양의 이름을 따 수양버들로 이름하였다. 수양버들은 드들이가 그러워 긴 가지를 깅으로 뻗기 시작했다. 그리고 밤마다 '드들' '드들' 소리를 내며 흐르는 강물 소리를 들었다.

맑은 물에 갓끈을 씻으며

드들강은 「엄마야 누나야」의 배경이 된 곳이기도 하다. 김소월의 시에 이 고장 출신 안성현이 곡을 붙였다. 강변 안쪽 솔밭에 시비가 세워져 있다. 2009년 4월에 나주시와 노래비 건립추진위원회 등은 안씨의 고향인 남평읍 지석강 솔밭 사이 백사장에 노래비를 세웠다. 엄마와 누나의 모습을 형상화한 청동상이 강변의 풍경과 조화를 이룬다.

> 엄마야 누나야 강변 살자
> 뜰에는 반짝이는 금모래 빛
> 뒷문 밖에는 갈잎의 노래
> 엄마야 누나야 강변 살자
> 엄마야 누나야 강변 살자
> 뜰에는 반짝이는 금모래 빛
> 뒷문 밖에는 갈잎의 노래

노래비는 단아하고 수수하다. 그 위로 금모래 빛 햇살이 차갑게 부서진다. 바람이 불 때마다 갈잎의 노래가 귀를 적신다. 안성현은 이곳 솔밭 백사장을 떠올리며 곡을 썼을 것이다. 민족의 광복에 대한 희원이

곡을 만들게 된 모티프였다.

한마디로 안성현의 인생은 유목의 삶이었다. 출생지는 남평이었지만 자란 곳은 함흥이었다. 일본으로 유학해 동방음악대학에서 성악을 전공했고 귀해서는 전남지역에서 음악 교사와 작곡가로 활동했다. 한국 전쟁이 일어나자 당시의 많은 인텔리들처럼 월북을 했다. 그는 무용가 최승희의 남편인 안막의 조카로도 알려져 있는데 안막은 당대 리얼리즘 문학 비평의 선구자였다. 아마도 가계에 흐르는 예술적 감성이 안성현으로 하여금 현실에 대한 변혁의지를 갖게 했는지 모른다.

> "외지 사람들은 이곳에 와서야 「엄마야 누나야」노래비가 있는 줄 알아요. 안성현이 이 강변 솔밭을 거닐며 악상을 떠올렸을 거라 상상을 하는 거죠…… 저기 솔밭 너머 소담한 정자가 하나 보이죠. 그리고 그 앞으로 송아지 뒤태처럼 부드러운 곡선을 이룬 저 지점이 가장 쑹쾅이 뛰어난 곳이에요."

남평읍 남석리가 탯자리인 최병률(43) 씨가 강변 너머를 가리킨다. 그의 말에서 고향에 대한 자부심이 묻어난다. 그는 자전거를 타고 강변으로 마실을 나가는 중이라고 했다. 흰 고무신을 신고 밀짚모자를 쓰고 유유자적 페달을 밟는 게 한량의 풍모다. 둥근 검은테 안경 너머로 보이는 눈빛이 깊고 수수하다. 강변의 감수성이 투영된 때문일까. 그는 벌교 부용산에는 박기동 시인의 시비가 세워져 있는데 이곳에는 안성현을 기릴만한 게 아무 것도 없어 이를 안타까이 여긴 여러 어르신들이 그에 대한 자료를 발굴하고 노래비를 건립하게 되었다고 덧붙인다.

노래비 바로 옆에 탁사정(濯斯亭)이라는 정자가 강변을 면해 있다. 씻을 탁(濯), 갓끈 사(斯). 맑은 물에 갓끈을 씻는다는 뜻이다. 정자 이름에 새겨진 뜻이 다함없이 깊고 반듯하다. 유리를 깔아놓은 듯 정밀한 수면이 마음을 가다듬게 한다. 이곳에선 맑은 생각, 살아있는 생각만을 견지해야 할 것 같다. 헛됨은 필히 강물에 흘려버려야 한다. 조금 전 자전거를 탄 흰고무신 한량도 이곳 어디쯤에서 그 밀짚모자를 씻으며 선인의 지혜를 되새길지 모른다. 이제 보니 그 밀짚에도 끈이 달려 있었다.

탁사정은 조선시대 지암 윤선기가 지은 팔작지붕의 대청형 정자다. 1587년에 초창된 것으로 추정되지만 이후의 증축에 대한 기록은 정확

남평 드들강 인근은 「엄마야 누나야」 작곡가 안성현의 고향으로 알려져 있다. 이곳 솔밭 백사장을 떠올리며 곡을 썼을 안성현은 죽음 이후에야 엄마와 누나와 강변에 살고 싶은 소박한 꿈을 이루었는지 모른다.

하지 않다. 정내에는 영광 김정수가 쓴 『탁사정기』가 있다.

한 여름 이곳에 앉아 「엄마야 누나야」를 소리 내 읊어보면 불볕의 더위는 금방 사라질 것 같다. 나는 소월의 감성과 안성현의 감성이 다르지 않을 거라 짐작한다. 그들은 모두 순박한 동심의 삶을 지향했다. 생애와 행적이 어떠하든 인식의 원형질은 '강변에 사는 것'에 닿아 있었다.

안성현은 고향으로 돌아오지 못하고 이북 어느 곳에서 삶을 마감하였다. 그의 생애에서 금모래 빛처럼 반짝였던 시절은 아마 목포 항도여중에서 교사로 근무할 때가 아닌가 싶다. 그는 동료 교사 박기동의 시 「부용산」에 곡을 붙여 후일 많은 이들의 가슴을 적셨다.

그가 추구했던 음악세계에 대해 나는 잘 알지 못한다. 그의 음악을 논할 자격은 더더욱 없다. 나는 문이 얕고 음악은 더더욱 문외한이다. 곡절의 시대 온몸을 던져 안성현이 이루고자 했던 이상은 마침내 생의 종을 고함으로써 미력하나마 완료되었는지 모른다. 아마도 그는 죽음 이후에야 엄마와 누나와 강변에 살고 싶은 소박한 소망을 이루었을 것 같다.

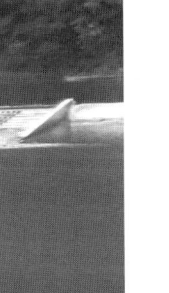

"자신이 죽거든 뒷산 부용산에 묻어달라"

드들강을 지나 나는 남행을 택했다. 박기동 시인의 〈부용산(芙蓉山) 시비〉가 있는 벌교에 가고 싶었다. 나는 이미 드들강과 안성현 그리고 부용산과 박기동을 동일한 함수관계로 생각하고 있었다. 안성현이 없는 드들강과 박기동이 없는 부용산은 존재하지 않았나. 아니 그늘이 없는 영산강은 아무런 의미가 없었다.

　박기동 시인은 지난 2002년에 발간한 『부용산』에서 '부용산'을 쓰게 된 배경에 대해 소상하게 밝히고 있다. 책에서 그는 당시에 일본을 왔다갔다했기 때문에 여동생과의 오누이의 정을 나눈 일이 없었다고 한다. 그는 학교가 파하면 퇴근길에 병원에 들러 간호를 해주었는데 어느 날 동생이 죽음을 예감한 듯한 말을 했다는 것이다. 참 아름다운 세상인데 얼마 안 있으면 갈 것 같다고. "자신이 죽거든 뒷산 부용산에 묻어달라고, 시원스럽게 바다가 내려다보이는 양지바른 곳에……."

　　부용산 오리길에
　　잔디만 푸르러 푸르러

　　솔밭 사이사이로
　　회오리 바람 타고

　　간다는
　　한 마디 없이
　　너는 가고 말았구나

　　피어나지 못한 채
　　병든 장미는 시들어지고

부용산 봉우리에

하늘만 푸르러 푸르러

그는 「부용산」이 "인생의 허무를 노래한 시"라고 했다. 그러나 한편으론 "아름다운 것이 그 아름다운 꽃을 피우지 못한 아쉬움"에 대한 허탈감과 상념이 투영되어 있다고도 덧붙였다.

이 시가 세상에 널리 알려진 건 익히 아는 대로 목포 항도여중 재직시 동료교사였던 안성현의 작곡에 의해서였다. 부

벌교 부용산 시비.

용산은 당시 빨치산들과 군사독재에 항거했던 이들의 입에서 입으로 전해져 들불처럼 번져나갔다. 박기동은 이 사실을 반세기도 훨씬 지난 호주에서 알았다고 한다. 그때까지도 그는 불온한 자라는 낙인이 찍혀 고국에 돌아오지 못하고 이역만리 먼 이국을 떠돌아야 했다.

부용산으로 향하는 길에 붉은 노을이 내려와 있다. 노을은 아름답다기보다 처연하다. 우산을 펼쳐놓은 듯 완만한 등성이가 핏빛으로 물든다. 어디선가 쑥국새의 울음이 들려온다. 새의 울음이 가슴으로 파고든다.

오리길에 서 있는 시비는 들꽃처럼 수수하다. 나는 곡조를 붙여 부용

산을 부른다. 산속을 흘러간 노래는 어느 골짜기에 이름 없는 꽃으로 피어날까.

박기동 시인은 2000년 시비 제막식에 참석하기 위해 반평생만에 벌교를 찾았다. 그는 "온종일 산을 헤맸지만 누이동생의 무덤을 찾을 수 없었다"고 했다. 그는 "한 떨기 들꽃이 피어 있었는지 모른다"는 말로 무상함을 달랬다.

돌아보면 모든 것은 그렇듯 무상한가 보다. 노 시인의 말처럼 간다는 말 한 마디 없이 홀연히 가버리는 게 우리네 삶이 아닐까.

부용산을 내려오며 어느 시인과 그 시인의 친구였던 한 음악가를 생각한다. 그들은 '피어나지 못하고 병든 장미' 처럼 굴절의 한 시대를 살았다. 산 게 아니라 살아냈었다. 오솔길을 내려오

며 묻는다. 나의 부용산은 어디인가. 당신의 부용산은 어디인가. 아니 우리들의 부용산은 어디에 있는가. 이름 모를 새 소리에 어둠은 깊어가고 '부용산 봉우리에 하늘만 푸르다'.

부용산에서 바라본 벌교읍 전경. 「부용산」 시인 박기동은 2000년 시비 제막식에 참석해 "온종일 산을 헤맸지만 누이동생의 무덤을 찾을수 없었다"며 무상함을 토로했다. 돌아보면 모든 것은 그렇듯 무상한가 보다. 그의 말처럼 간다는 말 한마디 없이 홀연히 가버리는 게 우리네 삶일지 모른다.

14. 목사골 나주

천년고도 '소경(小京)'의 숨결

조선시대 이중환은 『택리지』에서 나주를 '소경(小京)'이라 명명했다. 한양(서울)과 닮았다 하여 그와 같은 이름을 붙였단다. 그 때문일까. 여전히 나주엔 중심부로 부상하고자 하는 열망이 투영되어 있다.

고려를 건국한 왕건은 십년의 기간을 이곳 나주에 머물렀다. 바야흐로 궁예의 폭정이 극에 달하던 시기였다. 패악의 정치는 민생을 도탄에 빠뜨렸고 가렴주구는 백성을 사지로 내몰았다. 말년의 궁예는 완악한 군주였다. 보위에 대한 집착은 자연스레 정적에 대한 숙청으로 이어졌다. 관심법은 권좌를 유지하기 위해 고안한 광기어린 책략이었다.

왕건은 이곳 나주에 머물며 절치부심 재기를 모색한다. 그에게 나주의 호족은 대망을 실현할 수 있는 든든한 우군이었다. 이곳은 농도가 아니던가. 기름진 나주평야와 인근 영산강에서 출토되는 풍부한 농산물과 수산물은 왕건이 재기하는데 크나큰 밑받침이 되었다. 먹고사는 문제에서 자유로운 자가 또한 먹고사는 문제를 해결할 수 있다고 생각했을 것이다.

왕건은 자신의 처 오씨 부인을 이곳 나주에서 만났다. 탁월한 선택이

천년목사골 나주관아의 금성관 전경.

나주읍성 남문의 전경.

었다. 궁예의 관심법과는 근본적으로 다른 차원의 혜안이었다. 왕건은 친화력, 명민함, 과단성을 겸비한 지도자였다. 나주의 호족 오다련의 딸과의 결혼은 다분히 정치적이면서 비정치적인 행보의 결과물이었다.

그는 운명적 사랑과 시대적 야심 사이에서 교묘한 줄타기를 했다. 다행히 왕건에게는 남녀의 사사로운 정을 공적인 영역으로 전환할 수 있는 천부적인 재능이 있었다. 만약 오씨 처녀와의 만남이 없었다면 후삼국의 통일, 이후 고려의 건국, 조선의 역사는 상당부분 다른 방향으로 전개되었을 것이다.

완사천은 두 사람의 운명적 만남이 이루어진 곳이다. 완사천에 대한 견해는 아직까지도 분분하다. 전설이다, 진짜 일화다, 꾸며낸 이야기다 등등…… 역사는 승자에 의해 기록되는 게 아니라 승자에 의해 미화된다.

아무튼, 어디선가 먼지를 일으키며 다급하게 말을 타고 달려 온 왕건 앞에 아리따운 처녀가 물을 긷고 있다. 물 한 바가지를 청하는 그에게 처자는 체할까 걱정되어 버들잎을 띄워준다.

그렇다! 사랑은 버들잎을 타고 온다. 섬섬옥수 아리따운 규수가 건네는 한 바가지의 물은 갈증을 풀어주는 동시에 사랑의 욕망을 점화하는 매개다. 버들잎은 감성을 정화시키는 사랑의 메신저요, 역사를 창조하는 상징물이다.

오씨 처자는 어떤 여인이었을까. 나는 완사천에서 버들잎 하나 띄워 물 한 바가지 건네줄 뭇 여인을 한동안 기다린다. 여인은 없고 허랑한 햇볕만 우물에 들어찬다. 모두가 길손인, 나그네일 수밖에 없는 인생의 저잣거리에서 우리가 마셔야 할 물은 어디에 있는가. 우물을 들여다보며 지난 천년의 역사를 생각한다. 그리고 다시 이어질 천년의 역사를 생각한다.

지방의 궁실구조 재현한 '금성관'

금성관이라…… 오해하지 마시라, 여관 이름이 아니니. 이곳은 고려와 조선시대 때 나주목의 객사건물로 중앙에서 내려오는 관리들이 유숙했던 관사다. 양쪽의 익사(翼舍), 즉 동익헌과 서익헌은 오늘날로 치면 오성급 호텔에 해당하는 최고급 숙소다. 한편 금성관 내부에는 임금의 전패와 궐패가 모셔져 있어, 한달에 두 번 초하루와 그믐에 망궐례(望闕禮)를 지냈다. 각지의 수령이 궐패를 향해 배례의 의식을 치렀던

천년목사골 금성관 전경.

곳이다. '궐'은 왕을 뜻하는 바, 금성관을 위시한 관아는 왕권시대의 지방의 궁실구조를 가늠할 수 있는 역사적 공간이다.

　나주 목사고을은 읍성 형태의 도시였다. 언급한 소경의 명명은 작은 궁실구조에서 연유한 듯하다. 관아의 건물 배치와 구도는 한양의 궁을 그대로 축조했다. 왕권 확립과 강화를 기반으로 한 양식이다. 출입문인 망화루에 올라 떠올리는 대상은 다름 아닌 '화(華)' 즉, 임금이었음을 의미한다.

　고려와 조선은 아래로부터의 충성을 요구하는 시대였다. 충성이 국시가 되는 시대는 그다지 바람직한 사회는 아니다. 적어도 내 생각에는 그렇다. 그럼에도 충성이 국시가 되어야 한다면 그것은 민초를 위한 선정을 베풀었을 때 정당성을 지닌다. 덕망 있는 군주는 거창한 구호를 내세우며 자신을 따르라고 명하지 않는다. 하물며 충성을 강요할까 보냐. 백성들 뒤편에서 몸을 낮추고 그들이 가는 길을 엄정하게 지켜보는 것이다.

망화루에 올라 천년 목사골 나주의 속살을 일별하며, 나는 충성의 의미를 벅벅이 되새긴다. 고색창연한 이 작은 궁궐에서 이 시대 우리의 삶이 어느 방향으로 응집되어야 하는지를 자문한다.

내부로 들어서자 옛 고궁에 들어선 기분이다. 망화루와 중삼문을 거쳐 감행한 입궐. 바닥에 반듯하고 밋밋한 돌들이 도열해 있다. 문화해설사 김복순 씨는 "몇 년 전 복원공사를 하다 땅속에 박혀있는 돌(박석)을 발견하게 되었다"며 "이 박석은 경복궁 앞에 있는 돌계단과 유사한 구조"라며 은연중 자부심을 드러낸다.

그녀의 말에는 내명부 최고참 상궁 같은 위엄과 단정함이 묻어난다. 역사의 뒤편 어딘가에서 타임머신을 타고 이곳으로 날아왔을지 모른다. 풍성한 머리가 성장을 한 지체 높은 조선조 여인들의 가체를 떠올리게 한다.

모처럼 입궐한 품계 낮은 관리의 심정으로 하얀 박석을 즈려 밟는다. 금성관 마루에 걸터 앉아 뜰 내부를 찬찬히 바라본다. 바람이 불어온다. 눈에 들어오는 풍경은 막힘이 없다. 앞으로 나주읍내의 전경이, 오른편으로는 나주목사 내아(內衙)가, 왼편으로는 이름 없는 아니 이름이 지워진 묘비들이, 뒤로는 웅장하고 널찍한 툇마루가 시야를 압도한다. 고려와 조선의 영화가, 나주의 어제

금성관 마루에 서있는 필자의 모습.

와 오늘이 뇌리를 스친다.

　모든 것은 지나간다. 삶이 지나가고, 시간이 지나가고, 강이 흘러가고, 남는 건 이렇듯 빈손과 빈집뿐이거늘…… 허허로움에 한동안 마루에 몸을 누인다. 상감마마 소인의 무례함을 용서하여 주옵소서.

원초적 미각을 깨우는 나주곰탕

　마음에 점하나 찍으러, 망화루 앞에 있는 하얀 곰탕집에 들렀다. 손님이 차고 넘친다. 모든 남자들이, 모든 여자들이, 하얀 국물에 밥이 말아진 곰탕을 먹고 있다. 어림잡아 이백 여명은 될 것 같다. 나주곰탕은 이 지역을 대표하는 브랜드다. 나주배, 영산포 홍어와 함께 천년 목사골 진미로 꼽힌다. 삼대 째 곰탕집을 운영하는 황순옥 할머니의 국자를 잡는 품새가 장인의 그것과 진배없다. 손님들이 볼 수 있도록 가마솥이 주방 밖으로 나와 있다.

> "일년치 김장만 배추가 2만5천포기, 꼬치가 1만 5천근이나 들어. 토요일하고 일요일엔 사방서 오는 관광객들로 발 디딜 틈이 없어. 모다 순 우리 것으로만 쓰니께 깊은 맛이 나는 거제. 음석맛이 좋을라믄 존 괘기와 존 김치를 써야 혀."

　황 할머니의 말에는 곰탕 국물 같은 깊고 담백한 맛이 배어 있다. 후루룩 목으로 넘어가는 국물이 달큼하고 진하다. 네모난 깍두기를 얹어

한 숟갈 넘기니 천국이 따로 없다. 원초적인 미각을 깨우는 진득함이 묻어난다. 혀를 타고 전해오는 형형할 수 없는 미에 몸서리가 쳐진다. 천년의 맛을, 천년의 시간을 음미하며 우리들의 행복한 식사를 기원한다.

금성관을 나와 자연스레 바로 옆에 있는 나주 목사내아 금학헌으로 발걸음을 옮긴다. 내아(內衙)는 지방 관아의 안채를 일컫는 말로 내동헌(內東軒)이라고도 한다. 오늘날로 하면 지자체장이 사는 지방공관 내지는 살림집에 해당한다. 금성관에 비하면 단출하고 소박한 규모다.

점심시간엔 발디딜 틈이 없을 정도로 곰탕을 먹으려는 손님들로 붐빈다.

금학헌은 문자 그대로 거문고 소리를 들으며 학처럼 고고하게 살고자 했던 선비의 심상을 구현한 공간이다. 이곳 지킴이 최경화(43) 씨는 "목사내아는 용이 노령산맥 마지막 줄기인 금성산을 타고 내려와 영산강 물을 마시기 위해 몸을 풀던 자리"라고 했다. 지세가 완만하며 맑은 기운이 서려 있는 곳이란다. 이어지는 최경화 씨의 말.

"초대 나주 민선시장이었던 나인수 시장이 과장 시절에 일 년 정도 이곳에서 살았대요. 80년대 초반까지만 해도 시장이나 군수들이 관사로 이용하기도 했구요. 80년대 중반 이후에는 문화재로 지정되

나주목사 내아 전경

어 사용하지 않다가 올 5월부터 문화 체험을 위한 공간으로 새롭게 단장을 했답니다."

금학헌 안채와 별채에는 각각의 방 이름이 붙어 있다. 유석증 방, 김성일 방, 인, 의, 예, 지실…… 나주에 부임하여 선정을 베풀었던 목사들의 뜻과 참 사람됨의 근간인 네 가지 덕목을 주제화한 공간이라고 한다.

유석증은 유일하게 나주목사로 두 번이나 부임(1610년, 1619년)한 인물이다. 광해군 일기에 따르면 백성들이 직접 임금께 상소하여 그를 나주목사에 제수하게 했다는 것이다. 그것도 쌀 3백석을 바치면서 말이다. 그의 됨됨이가 어떠했는지 짐작할 수 있는 대목이다. 예나 지금이나 청렴, 근신, 측은지심은 국가의 녹을 받는 자들이 반드시 갖추어야 할 덕목이 아닌가 싶다.

유석증 방에 들어가 서안 앞에 앉는다. 그는 없지만 그의 숨결을 느낄 수 있다. 낮은 곳에서 이름도 빛도 없이 백성을 섬기던 정백리가 그리운 시절이다. 누구에게나 흠결은 있다. 그러나 높으신 이들이여, 당신들이 현직을 떠날 때 국민들은 어떤 반응을 보일지 깊이들 생각해보시오. 백성들이 마음으로 유임을 청할지, 부패한 관료라 불명예의 딱지를 붙일지, 무능한 정치꾼이었다 폄훼를 할지…… 어제 끝난, 고관대작들의 거짓말(?) 청문회를 떠올리며 나는 허탈해진다.

가까운 시일에 다시 들러 하룻밤을 유숙하고자 한다. 금학헌을 나와 남문과 동문을 거쳐 영산포로 간다. 영산강 너머로 빛나는 한때가 저물고 있다.

15. 나주 영산포

저잣거리에 삽상한 정취 흐르고

영산포에서 아름다움을 상상하는 건 무지의 소치다. 극미(極美)는 세상과 맞닿은 지점에서 피어나는 법. 영산포는 세상과 가장 가까이 이웃하면서 가장 낮고 멀리 누워있는 남도의 포구다.

나주를 알려거든, 아니 영산강을 알려거든 영산포에 가보라. 그다지 크지도 작지도 않은 포구에 꼬막 같은 집들이 머리를 잇대고 흑백사진에서나 본 듯한 풍경이 바람에 흔들리는 모습을 보고 나면 영산포가 왜 나주의 심장인지를, 왜 남도의 원형질인지를 알게 될 것이다.

영산포에서 아름다움을 상상하는 건 무지의 소치다. 고상과 품위, 고결은 무람없는 요설에 지나지 않는다. 극미(極美)는 세상과 맞닿은 지점에서 피어나는 법. 영산포는 세상과 가장 가까이 이웃하면서, 가장 낮고 멀리 누워 있는 남도의 포구다. 황포돛배가 다니지 않아도 그 잔망한 배를 넉넉히 품은 채 시난고난한 아픔과 저잣거리의 삽상한 흥취를 머금고 있는 곳이다.

호남의 평야지대를 적시며 서해로 흘러드는 영산강은 예로부터 수운의 요충지였다. 영산강 방조제가 생기기 이전 서해의 바닷물이 이곳까지 거슬러 왔다. 바다는 거침없이 연안으로 밀려와 강물과의 정분을 나누었다. 그 서슬에 황포돛배는 곡물과 수산물을 싣고 포구로 진입하였다. 장이 서고 거래가 이루어졌다. 포구는 활기와 번잡을 실어 나르며 번성의 일로를 달렸다. 영산대교 아래 등대가 당시의 영화를 묵묵히 증명한다.

그러나 바다와 강이 몸을 풀어 잉태한 건 관능과 비옥만이 아니다. 연안 여기저기에 크고 작은 생채기를 안겨 포구의 삶은 수시로 무참하였다. 상시 벌어지는 범람과 침식은 살림을 더욱 궁벽하게 만들었고 포구의 영화는 빛을 바랬다. 하구언이라는 인위적 장막이 설치된 건 그 때문이었다.

영산대교를 끼고 늘어선 홍어의 거리는 일제의 잔해가 남아 있는 곳이다. 1897년 목포가 개항하고 일본인들의 출입이 잦아지면서 영산포는 역사의 전면에 등장한다. 조선시대까지만 해도 조창 가운데 하나인 영산창이라는 곡물 저장소가 있었다.

한일합방은 영산포를 수탈의 공간으로 강제해버렸다. 바야흐로 왜인들의 탐욕과 근대적 자본주의가 바닷물을 타고 포구로 흘러들었다. 그들은 나주와 호남의 인근 곡창에서 산출된 농산물을 수탈해 포구로 실어 날랐고 영산포 일대의 토지를 매입해 막대한 이문을 남겼다.

우리 고서에는 영산강에 대한 언급이 적지 않다. 『조선왕조실록』을 비롯해 정약용의 『경세유표』, 김정호가 저술한 『대동지지』뿐 아니라 이긍익의 『연려실기술』등에도 나타나 있다. 영산포와 관련된 '영산'의 지명 또한 역사서 곳곳에 남아 있다. 다음은 조선시대 『신증동국여지승람』에 기록된 글이다.

> 고려 말 왜구들이 신안군 흑산도에 대한 노략질이 심해지자 주민들이 섬을 버리고 나주의 남포강가로 피난 와 살았다는 기록이 있다. 그리고 이곳을 '영산현(榮山縣)'이라 명했다고 하는데 '영산'은 '흑산'을 지칭한다.

이렇듯 고려, 조선조, 일제시대에 걸쳐 왜인은 영산포구와 영산강 일대를 수시로 침략하였다. 작금에 이르러서는 독도까지 자기네 땅이라고 우기는 걸 보면 침략의 유전인자는 오래 전부터 그들의 DNA 속에

영산포대교에서 바라본 영산강.

내재되어 있었던 것 같다.

시대를 거슬러 오른 듯한 후미진 풍경

비린내 나는 홍어의 거리를 배경으로 적산 가옥이 늘어서 있다. 드문 드문 대나무에 걸린 붉은 깃발과 오색의 풍선이 불어오는 바람에 흔들 린다. 후미진 여느 도심의 뒷길에서나 볼 수 있는 풍경이지만 여느 곳 과는 다른 느낌이 묻어난다.

일제 때 이곳은 금융, 교육, 문화, 상업, 공공시설이 있던 중심지였 다. 당시의 나주 인구가 14만여 명이었는데 일본인이 3천여 명에 달했 다고 한다. 왜인들은 영산포의 노른자위 상권을 차지할 만큼 세가 만만

일제시대 대지주 구로즈미 이타로의 저택. 이곳에는 막대한 농지를 소유하고자 했던 그의 욕망이 곳곳에 스며 있다.

치 않았다. 굴러온 돌이 박힌 돌을 빼내는 형국이었다.

영산포는 영화 촬영의 중심지이기도 하다.「장군의 아들」,「죽도록 사랑해」를 포함해 수 편의 작품이 이곳을 배경으로 만들어졌다. 일제시대와 70년대 시골 마을을 무대로 삼을 만큼 옛 모습이 고스란히 남아 있다. 그 자체로 문화유산이자 스튜디오인 셈이다. 나주 전역에는 영산포등대를 비롯해 수많은 문화재가 산재해 있다. 노안천주교회, 남평역사 등도 근대문화유산으로서의 보존가치가 크다.

마을에서 유독 눈길을 끄는 건물이 있다. 가장 많은 농토를 소유했던 일본인 대지주 구로즈미 이타로(黑住猪太郞)의 저택이란다. 주변의 풍경과 사뭇 이질적인 구도를 이룬다. 그는 넓고 기름진 나주평야를 보고 영산포에 정착하기로 결심했다고 한다. 1,100여 정보에 달할 정도로 막대한 농지를 소유하고자 했던 그의 욕망이 저택 곳곳에 스며 있다. 그는 이곳에서 영원한 자신만의 제국을 꿈꾸었을지 모른다.

넓은 정원과 성성한 청기와에는 여전히 일본인 특유의 손길이 남아 있다. 모든 자재가 당시 일본에서 직접 들여온 거란다. 불현듯 완강하고 돌올한 저택을 향해 돌을 던지고 싶다.

예로부터 내륙의 포구였던 영산포는 홍어의 집산지이자 숙성의 근거지였다.
사진은 영산포 홍어의 거리 전경.

16. 영산포 홍어의 거리

홍어의 귀환을 기다리며

홍어는 참 묘한 생선이다. 생긴 것이 그렇고 맛이 그렇다. 마름모꼴의 납작한 몸통은 어류라고 칭하기에는 다소 어색한 구조다. 주둥이는 돌출되어 있는데다 눈은 작고 찢어져 밉상이다. 가슴 언저리의 반점은 타 어류와의 차별적 태생을 증명한다. 마치 동아시아인에게 나타나는 몽고반점처럼.

그뿐인가. 코끝을 톡 쏘는 강렬한 후감은 미(味)의 절대적 기준과도 거리가 멀다. 톱니 모양의 결이 혀에 감기는 질감은 다분히 이물스럽다. 이름 또한 예사롭지 않다. 홍어(洪魚). 말 그대로 붉은 고기라는 뜻인데 어감이 허전하다. 광어·민어·농어·병어도 아닌 홍어라? 아무리 생각해도 촌스럽고 투박한 이름이다. 어느 양반네 머슴의 이름처럼 거칠고 순후하다.

홍어의 속살은 홍학의 다리처럼 불그스름하다. 적당히 핏빛이 감도는 속살은 사뭇 관능적이며 음습하다. 두툼하고 질박한 그 갈색의 등에 시커먼 칼날이 지나가면 홍어는 새로운 미감의 세계로 전이된다. 살, 날개, 코, 애, 뼈는 각각 별개의 맛을 지니지만 이내 깊은 숙성의 질감으로 갈무리된다. 홍어의 오미란 그런 것이다.

홍어의 씹히는 맛은 그리 간단치 않다. 여느 생선의 그것과 비교되지 않는다. 아니 점잖은 충고니 비교하지 마시라. 찰지고 쫄깃쫄깃한 질감은 독특하고 엄결하다. 속살의 감칠맛에 중독되고 나면 암모니아의 쉬척지근한 냄새는 더 이상 취기가 아니다. 오히려 그것의 향기는 순하고 매혹적이어서 자꾸만 혀끝을 자극한다.

맛은 고상과 품위에만 깃들어 있는 게 아니다. 날것의 건강함과 범속의 비루함에도 진미는 깃들어 있다. 비단 맛뿐이겠는가. 홍어 같은 사람이 진국이다.

나는 홍어를 좋아한다. 어머니의 명절은 홍어를 준비하는 것에서 시작된다. 광주의 대표재래시장 양동시장을 돌며 어머니는 홍어를 고른다. 어물전을 돌고 도는 어머니의 발품은 신중하고 가볍다. 어머니의 어머니가, 그 어머니의 어머니가, 다시 그 어머니의 어머니가 명절 음식으로 홍어를 찜했다. 간택된 홍어는 명절 내내 특유의 향취를 발한다. 남도의 명절은 홍어로 시작해 홍어로 끝난다 해도 과언이 아니다.

때문에 홍어는 잔치의 대명사로 통한다. 잔치국수 또한 혼례의 대표 음식이지만 그것이 빠져도 큰 흠은 되지 않는다. 그러나 홍어를 두고는 얘기가 달라진다. 산해진미 잔칫상이라 해도 홍어가 빠지면 "먹잘 것 없다"는 말로 격하된다. 젓가락 갈 곳이 없다는 평은 결례 그 자체로 인식된다. 반면 "그 잔치 참 걸었다"라는 입소문은 상차림의 무게와는 별개로 홍어가 올라왔음을 뜻한다.

고 김대중 대통령은 유독 홍어를 좋아했다고 한다. 그 중에서도 흑산도 홍어에 대한 사랑은 각별했다는 것이다. "92년 대선에서 패하고 영

흑산도 근해에서 잡힌 홍어가 내륙 수운을 타고 영산포에 이송되고 나면 자연 숙성이 되었다. 발효는 홍어를 업그레이드시키는 자연 조미료와 같은 역할을 담당했다.

국 유학을 떠나있을 때, 누군가 목포에서 아이스박스에 홍어를 넣어 보냈던 모양이다. 김전대통령이 "그걸 받아보고 부적 좋아했다"는 일화는 유명하다. 모진 삭풍을 이기고 만개한 인동초나 삭히고 썩혀야 제 맛을 내는 홍어는 상통의 의미를 공유한다.

예로부터 영산포는 홍어의 집산지자 숙성의 근거지였다. 내륙의 포구였던 영산포는 조선 중기까지는 남도물류의 중심지였다. 남도에서 생산된 농수산물은 영산조창을 통해 전국 각 지역으로 출하되었다. 홍어도 예외는 아니었다. 흑산도 근해에서 잡힌 홍어가 내륙 수운을 타고 영산포에 이송되고 나면 자연 숙성이 되었다. 발효는 홍어를 업그레이드시키는 자연조미료와 같은 것이었다.

영산포 홍어의 거리 131

정약전의 『자산어보』에 따르면 "나주 가까운 고을에 사는 사람들은 즐겨 썩힌 홍어를 먹는다."고 기술되어 있다. 짐작컨대 삭힌 홍어는 고려 말 왜인의 침략을 피해 영산포로 이주해온 흑산도 주민들과 연관이 있는 듯하다. 그리고 이 뱃길을 따라 홍어가 영산포 인근 지역으로 확산되었을 것으로 추정된다. 영산강을 끼고 있는 8개 시군, 즉 나주를 비롯한 무안, 영암, 목포, 함평, 광주, 장성, 담양은 홍어의 최대 소비지라 해도 과언이 아니다.

홍어달인 된 서울출신의 이 남자

강건희 씨의 고향은 서울이다. 올해로 65세인 그는 영산포에 있는 영산홍어(주)의 대표다. 부산수산대학을 졸업하고 10여년간 원양어선을 탔다. 마도로스의 꿈에 젖어 살던 시절이었다. 아프리카 서쪽 등지에서 가다랑어를 잡으며 한 세월을 보냈다. 그러다 1980년 원양어선에서 내렸다. 뭍에서의 새로운 인생을 살고 싶었다. 물때가 바뀌듯 삶의 굽이가 바뀌던 시기였다.

한동안 부산에서 수산가

홍어를 작업할 때 쓰이는 장갑.

공사업을 했었다. 홍어가 주요 품목이었다. 산업은 번창했다. 그러나 거래처인 광주·전남지역을 다닐 때마다 아쉬운 생각이 들었다. 홍어작업이 원시적인 형태를 벗어나지 못하고 있었던 것이다. 숙성홍어를 육성하면 식품사업으로 경쟁이 있을 것이라는 확신이 섰다. 97년 영산포에 있는 공장을 인수, 본격적으로 숙성홍어 사업에 뛰어들었다.

"고객의 기호에 맞도록 홍어를 소포장, 규격화해야겠다고 생각했어요. 숙성홍어는 특유의 냄새 때문에 대부분 취급을 안 하던 시절이었으니까요. 예상이 적중했습니다. 2002년도에 신세계 백화점 납품을 시작으로 2004년 전국의 이마트에 숙성홍어가 납품되었어요."

그는 홍어에 관한한 국내에서 독보적인 위치를 점하고 있다며 은연중 자부심을 드러냈다. 원래 그는 서울에서 태어나 부산에서 청년기를 보낸 홍어에 관한 아웃사이더가 아닌가. 그런 그가 '홍어의 달인'이 되었다는 건 발효 미학의 원리를 정확하게 꿰뚫고 있었다는 의미다. 홍어도 잘 삭혀야 제 맛이 나듯 사람도 인고의 시간을 거쳐야 참사람이 될 수 있다. 마치 흑산도 근해에서 잡힌 홍어가 내륙 수운을 타고 영산포에 이르러서야 숙성의 맛을 내듯 말이다.

생선의 내장 같은 거리, 홍어 냄새로 자욱

소슬비가 내리는 영산포는 홍어 냄새로 자욱하다. 생선의 내장 같은 질척한 거리에 특유의 퀴퀴한 냄새가 번진다. 빗줄기가 조금씩 굵어진다. 역시 가을비는 처연하며 쓸쓸하다.

문혜진 시인의 「홍어」라는 시가 있다. 붉은 생선을 대면하는 화자의 빛나는 통찰력에 몸서리를 쳤던 기억이 있다.

먹어도 먹어도
허기지는 밥
붉어진 눈으로
홍어를 씹는다

'붉어진 눈으로' 붉은 고기를 씹어야 했던 기억은 누구나 인생의 바다에서 겪음직한 밑바닥의 체험이다. 시를 향한 간단치 않은 내공에서 시인 또한 삭힘의 과정에 있음을 짐작하게 한다.

김주영의 소설에도 '홍어'를 다룬 작품이 있다. 소설 『홍어』가 그러하다. 소설은 사춘기에 접어드는 소년의 한때를 그리고 있다. 순수한 자아의 세계가 '홍어'의 이미지와 상치돼 드러난다. 기억의 환기를 통한 자아의 탐색은 홍어를 매개로 전개된다.

오랜 세월 어머니는 가오리연을 만들어 바람둥이 아버지의 부재를 견뎌낸다. 어느 날 아버지가 돌아오지만 이내 먼 길을 떠나고 만다. 아버지는 '홍어'의 기질을 버릴 수 없었다. 어머니 또한 아버지에 대한 원망과 자기 삶에 대한 욕망으로 집을 떠나고 만다. 상처와 기억, 기다림과 떠남, 존재와 부존재에 대한 비극적 인식이 '삭힘'과 '발효'라는 홍

> **'삼합'에 관하여**
> — 황석영
>
> …전라도 사람들은 홍어의 맛 중에 '삼합'을 제일로 친다. …우연히 '홍탁'을 맛보고 진저리를 쳤던 적이 있다. 무슨 날고기점 같은 것을 두툼하게 썰어 내오고 그와 크기가 비슷하게 돼지고기 삶은 것 몇점이 곁들여 졌는데 묵은 김치가 찢어먹기 좋도록 썰지도 않은 채로 한접시 따라 나왔다. ~~은~~ 주전자에 넘칠듯 가득들어 있는 탁주막걸리였다 … 우선 비스므레한 것에 ~~삼~~겹살을 겹쳐서 손으로 젖은 김치에 둥글게 싸서는 입안에 넣었다. ~~자~~마자 코야말로 오래된 뒷간에서 풍겨올라오는 듯한 개스가 입안에 폭발할것 ~~같~~다가 코를 역습하여 북받쳐 나온다. 눈물이 절끔 솟고 숨이 막힐것 같다. 그러 ~~~~ 막사발이 넘치도록 따는 막걸리를 쭈욱 들이킨다. 잠깐 숨을 돌리고 나면 ~~~~ ~~편~~해 진다. 참으로 이것은 무어라 형용할수없는 혀와 입과 코와 눈과 모든

삼합에 관한 작가 황석영의 소감이 벽면에 쓰여 있다.

어의 특질과 맞물려 숙성의 미학으로 승화된다.

독한 암모니아 냄새가 코를 찌른다. 영산포는 온통 홍어 천지다. 홍어 세상이다. 영산포 홍어, 등대 홍어, 영광 홍어, 선창 홍어, 삼성 홍어, 호남수산 홍어, 나주제일 홍어, 홍어 영산강…… 이곳 주민들은 하나같이 홍어 왕국을 꿈꾸는 모양이다.

홍탁삼합의 오묘한 맛이 간절히 그리운 저녁이다. 걸쭉한 막걸리에 묵은 김치, 홍어, 돼지고기를 싸서 한입 먹고 나면 피로가 풀릴 것 같다. 가을비에 젖은 포구의 밤은 깊고 쓸쓸하다. '고도'를 기다리던 에스트라공과 블라디미르처럼 나는 흑산도 앞바다를 떠돌던 홍어의 귀환을 기다린다. 그러나 영산포 강둑을 거슬러 홍어는 오지 않고 포구 위로 불빛만 쏟아진다. 영산포에 홍어는 없다. 아니 영산포에는 홍어만 있다.

17. 다시(多侍) 천연염색박물관

천년비색 바람에 나부끼다

2006년에 개관한 천연염색박물관의 모습. 천연의 색을 두른 거대한 휘장이 나부끼는 모습은 영화 「국두」의 한 장면을 떠올리게 한다.

다시, 다시(多侍)로 간다. 너른 들녘을, 다시 지난다. 다시(多侍)는 곡창 나주평야의 대부분을 차지하는 지역이다. 수확이 끝난 들판 위로 늦가을의 볕이 쏟아진다. 빈 몸으로 볕을 받아들이는 논배미는 수수하고 수줍다. 논배미는 잘 다려진 바지의 재봉선처럼 반듯하다.

가을걷이가 끝난 들녘에 서면 알 수 없는 적요와 쓸쓸함이 밀려온다. 그 적요와 내상 속에서 온갖 생명이 움튼다. 생명의 집합체로서 들은 미세한 숨결과 숨결이 만나는 여백의 장이다.

봄이 오기까지, 약동의 세상이 열리기까지 모든 생명들은 내밀한 호흡을 가다듬으며 동면에 들어간다. 저 넓은 선과 면이 만나는 공간은 단순한 풍경이 아니다. 선과 면의 만남은 깊은 울림을 낳고 순환을 지지한다. 들은 누워 있으나 움직이는 상호 유기체적 공간이 된다.

추수가 끝난 들길을 걸어 풍경 속으로 들어간다. 풍경 속의 나는 실재하는 나인지, 내면에 잠재한 나인지 알 수 없다. 눈앞에 펼쳐진 들은 다시라는 지명의 들녘인지 심상에 펼쳐진 들녘인지 구분하기 어렵다. 나는 나이면서 들이기도 하고 들은 들이면서 나이기도 하다. 그리하여 나와 풍경 속의 나는, 실재하는 들과 심상속의 들을 바라보며 하나의 공간이 된다. 하나의 생명이 된다.

이 들녘에 서면 햇살도 벼포기처럼 영근다는 사실을 알게 된다. 마지막 햇살이 알곡에 듬뿍 스며들기를 기원한 릴케의 노래가 그저 그런 가을의 애송시로만 들리지 않는다. 그만큼 볕이 풍요롭고 찰지다. 햇살이 키워낸 만석(萬石)의 꿈은 가없고 소소하다. 심심찮게 들려오는 나락값 폭락 소식에 농심은 시퍼렇게 멍이 들었다. 풍년이 들수록 궁벽해지는 삶은 무참하고 씁쓸하다.

　농부들은 트랙터로 논을 갈아엎고 울었다. 자식 같은 논을 갈아엎고 빈 들녘을 하염없이 바라보며 울고 울었다. 농자의 자식들도 허허로이 울었다. 당신들이여 기억하라. 지금 행세깨나 하고 밥술이나 뜰 수 있는 건 무수히 많은 농민들의 땀과 눈물의 은전이 있었음을!

　예로부터 다시(多侍)는 '삼백'의 고장으로 불리었다. 쌀, 누에고치, 목화가 다량으로 생산되어 붙여진 이름이다. 영산강의 한 복판으로 광주와 함평을 잇는 지리적인 요충지이기도 하다. 흔히 나주평야는 이곳 다시 벌을 일컫는다. 논과 논이 겹치고 들과 들이 겹쳐 평야를 이룬 이곳은 비옥, 그 자체다. 들판을 싸고 곰비임비 이어진 산세도 다함없이 인자하다. 겸허한 풍경이다.

　그러나 이곳은 일제 강점기 때 직접적인 수탈의 대상이 되었다. 추수가 끝나는 이맘때면 근동에 산더미 같은 나락가마가 쌓였단다. 기흥리에서는 기원전 1050년께로 추정되는 벼화분이 검출되었다. 영산강 유역을 중심으로 벼농사가 이루어졌음을 시사한다. 숭늉 같은 강물이 넓은 평야를 살찌웠다는 반증이다.

　무릇 곡창은 시간과 강의 합작품이다. 바람과 빛은 부조를 하고 농부의 피와 땀은 거름이 된다. 그러므로 '명품평야'는 단순한 수사가 아닌 자존과 품위를 지지하는 언어다.

　"샛골(다시)쌀을 먹고 죽은 송장은 무겁다"는 말이 있다. 다시에서 생산되는 쌀을 으뜸으로 친다는 얘긴데 5일장에선 샛골 쌀을 사기 위해 인근 지역에서 온 상인들을 심심찮게 볼 수 있다. '생명의 땅 나주

추수가 끝난 다시들녘은 쓸쓸함이 감돈다.

'쌀'의 원조가 이곳을 배경으로 한다. 노랗게 여문 나락의 잔잔한 물결은 하나의 풍경이자 한 공기의 밥이며 한 시루의 떡이다. 추수가 끝난 뒤끝이라 그런지 참새떼가 보이지 않는다. 차라리 소란스럽게 지저귀는 '나락도둑'이 그리운 건 농심을 팔고 훔치는 자들이 날로 득세하는 세상 때문이 아닐지…….

비단고을의 풍모 '샛골나이'

다시 들녘을 나와 걸음은 천연염색박물관으로 향한다. 저 멀리 천연의 색을 두른 거대한 휘장이 바람에 나부낀다. 감, 쪽, 치자, 국화의 색이 하늘을 수놓고 있다. 영화 「국두」의 한 장면을 떠올리게 한다. 비단

고을의 풍모를 여실하게 드러내는 자연의 힘이자 천년의 비색이다. 나주의 나(羅)가, 비단 나(羅)에서 왔음을 새삼 인식한다.

예로부터 나주는 염색이 발달한 고장이었다. 그 중심에 다시가 있고 그 다시를 끼고 영산강이 흘렀다. 영산강 아흔아홉 굽이는 그만큼 홍수로 인한 범람이 잦았다는 말이다. 월출산 아흔아홉 봉이 기암괴석이 많고 험준하다는 말과 같은 맥락이다.

영산강 발원지인 담양 용추봉에서 처녀가 오줌을 누면 이곳은 큰물이 질정도로 홍수가 빈번했다. 당연히 강 바로 인근에서는 논농사가 잘 될 리 없었다. 벼농사보다는 쪽을 심는 편이 여러모로 이문이 남았다. 그 범람한 토질에서 쪽은 싱싱한 생명력을 키웠다. 쪽은 일 년에 두 차례 수확이 가능한데 6월 중순과 장마철 이후인 8~9월을 전후해서다.

나주의 염색 역사는 샛골(다시)을 중심으로 전해온다. 흔히 무명실을 '샛골나이'라고 한다. 음력 3월 하순에 밭에 목화씨를 뿌려 가을에 감 크

예로부터 나주는 염색이 발달한 고장이었다. 그 중심에 다시가 있고 그 다시를 끼고 영산강이 흘렀다. 영산강 아흔아홉굽이는 그만큼 홍수로 인한 범람이 잦았다는 말이다. 벼농사보다는 쪽을 심는 편이 여러모로 이문이 남았다. 그 범람한 토질에서 쪽은 싱싱한 생명력을 키웠다.

기만한 열매가 맺고 이후 그것이 벌어져 면이 된다. 이것을 물레에 돌려 실을 뽑으면 무명실이 된다. 돌실나이가 삼베를 지칭하는 것처럼 샛골나이는 무명실을 뜻하는 것이다.

조선 말 나주를 배경으로 하는 문순태의 장편소설 『타오르는 강』에 샛골나이에 관한 언급이 있다. '팔월 한가위를 갓 넘긴 초가을의 달빛이 나주 샛골나이처럼 가늘고 부드럽게 영산강을 덮었다.' 위의 표현처럼 샛골나이는 부드럽고 가늘다.

예부터 12세 포목이라 하여 최상품으로 쳤는데 나주 여인들은 이에 대한 자부심이 컸다. 그들은 실을 잣는 손끝에 올이 들어 있다고 믿을 정도였다. 샛골나이의 생산은 자연스레 면직물과 바느질 그리고 염색의 발전으로 이어졌다. 샛골이 가사(스님이 입던 옷)골로도 불리었던 것은 잿물염색이 비교적 활발히 이루어기 때문으로 보인다.

천연염색이란 꽃, 나무, 풀, 흙, 벌레

등 자연에서 염색원료를 얻어 천에 물을 들이는 것을 말한다. 나주천연염색박물관은 국내 유일의 천연염색에 관한 모든 것을 알 수 있는 곳이다. 2006년 9월에 개관한 박물관은 천연염색의 역사와 특징을 한 눈에 볼 수 있도록 마련된 전시실, 직접 천연염색을 체험할 수 있는 실습장, 다양하고 우수한 천연염색 제품을 한자리에서 살 수 있는 판매장 등을 갖추고 있다.

우리나라의 천연염색에 관한 기록은 『삼국사기』와 『신당서 동이전 고구려조』에 나타나 있다. 왕은 오체복을 입었고 대신들은 자, 청, 강, 비 색의 관을 쓰고 황색 가죽신을 신었다는 기록이 있다. 고려시대의 염색은 중국에까지 알려질 정도였고 조선시대는 색을 분별하고 금할 만큼 수준이 높았다.

천연염료의 종류는 헤아릴 수 없을 정도로 많다. 식물성은 홍화, 쪽, 치자, 황벽, 울금, 쑥, 꼭두서니, 율피, 양파껍질, 소목, 개망초가 동물성은 코치닐, 락, 오배자가 광물성은 황토, 석록, 적토 등이 있다.

"이 손수건을 보면 어떤 생각이 드나요? 보기에는 평범하지만 여기에는 스토리와 정성이 깃들어 있지요. 천연염색은 서사와 관계를 매개합니다. 목화를 재배한 손, 염료를 채취한 손, 재단하고 물을 들였을 손… 이들 모두의 마음을 하나로 이어줍니다."

대학에서 꽃을 전공하고 관련 박사학위까지 받은 허북구 운영국장은 천연염색의 매력에 흠뻑 빠져 있었다. 몰입의 경지를 넘나든다고 할까.

염색 연구를 하다보면 혼과 노력이 깃든 색에 저절로 애정이 가더란다. 그가 추구하는 염색은 단순한 색을 입히는 것이 아니다. 그의 색은 온전한 자연이다. 관계이고 이야기이다.

"처음 쪽을 보았을 때 강한 필이 꽂혀"

정관채씨(영산포중 교사)는 무형문화재 염색장이다. 그의 고향은 샛골이다. 마을 어귀에는 목화밭이 지천이었고 어머니들은 틈만 나면 무명실을 지었다. 어린 시절의 샛골 풍경은 그에게 색에 대한 남다른 감을 심어주었다.

미대로의 진학은 당연한 결과였다. 그는 응용미술을 전공했다. 처음 푸른 쪽을 보았을 때 강한 필이 꽂혔는데 그게 운명이 되고 말았다. 누구나 그런 때가 있지 않는가. 예고 없이 찾아오는 뭔가에 영혼이 흔들리는 때가.

언젠가 박복규 성신여대 교수로부터 연락이 왔다. 응용미술을 전공한 예용해 교수가 잊혀져가는 쪽염색의 전통을 이어야 하는데 그 적임자로 자신을 소개했다는 거였다. 그 분이 직접 실을 가지고 나주에까지 내려왔었다. 그는 그렇게 쪽과 운명이 되었다.

그래, 내가 안하면 누가 하겠는가? 자문은 의무로, 의무는 사명으로 바뀌었다. 응용미술을 전공한 그에게 쪽염색은 무궁무진한 창의성을 펼칠 수 있는 분야였다. 몇 날 며칠 날을 세우고 몸을 상하면서도 쪽염색에 올인했다. 그의 손 마디미디엔 시퍼런 염료가 배어들기 시작했다.

천연염색박물관과 연계된 공방(위), 공방에서 만든 수제품(아래).

어느 때는 온몸이 푸른색으로 변하는 꿈을 꿀 때도 있었다. 그러다 어느 날 문득 쪽빛이 그에게 말을 걸어오기 시작했다. 푸른 남색이 온전히 그의 인생을 휘감았다.

90년대 이후 친환경 바람을 타고 천연염색은 사람들의 관심의 대상으로 떠올랐다. 민간요법으로도 쪽은 최고의 효능을 입증했다. 돌아보니 색을 찾기 위한 노력은 다름 아닌 색과 사귀는 시간이었던 것 같다. 이제 남은 바람이 있다면 쓸 만한 제자를 기르고 싶단다. 말 그대로 청출어람(靑出於藍)을 실현하고 싶은 것이다.

그에게 쪽은 인생 그 자체라고 한다. 손가락이 절단되는 아픔을 겪고도 이 길을 포기할 수 없었던 이유다. 푸른색을 물들이며 살아온 인생, 그는 이 시대의 청출어람이다. 영원한 푸른빛의 장인이다.

18. 나주 영상테마파크

황포돛배를 타고 주몽의 시대로……

　나주 영상테마파크는 하나의 작은 왕국이다. 시간은 고대에 멈춰 있고 공간은 상상과 현실의 경계 위에 놓여 있다. 아니 공간은 고대를 반영하며 시간은 과거와 현재를 관통해 흐른다. 고구려인의 웅혼한 기상과 현실을 사는 우리의 비루한 일상이 겹쳐지고 현재의 꿈과 고대인들의 소소한 삶이 하나로 접맥된다.

　나주 영상테마파크는 우리나라 최대 사극 촬영지로 손꼽힌다. 나주시 공산면 신곡리 일대에 15만평 규모로 조성된 촬영 영상의 메카로 주몽, 태왕사신기, 바람의 나라, 이산, 천추태후, 추노 등 굵직한 대하드라마와 쌍화점 같은 영화가 제작되었다.

　바흐친은 소설에서 시간-공간을 의미하는 '시공소'라는 개념을 제시한다. 그에 따르면 시간과 공간은 철저하게 상호의적인 관계로 이야기가 조직되는 중심 지점이라는 것이다. 영상테마파크는 부여, 고구려, 백제, 신라, 고려, 조선의 시공간이 끊임없이 합류하고 분기되는 시공소로서의 의미를 담지한다. 관람객은 무한히 열린 상상의 세계로 진입하는 자유를 만끽한다.

고대 저잣거리와 너와집 전경. 나주 영상테마파크는 하나의 작은 왕국이다. 고구려인의 웅혼한 기상과 현실을 사는 우리의 비루한 일상이 겹쳐지고 현재의 꿈과 고대인들의 소소한 삶이 하나로 접맥된다.

영상테마파크 출입문에 서면 타임머신을 타고 고대에 와 있는 듯한 착각이 든다.

 체험은 당대와 현재를 매개하는 중요한 모티프로 작용한다. 영상테마파크에는 전통무예체험을 비롯하여 전통음식체험 그리고 전통공예체험 공간이 마련되어 있다. 가벼운 생활용품을 직접 손으로 만들 수 있는 죽물공예체험과 투호놀이와 고리던지기 등과 같은 민속놀이체험도 할 수 있다.

송일국, 한혜진을 「스타의 거리」에서 만나다
 매표소 입구로 들어서자 반가운 얼굴이 보인다. 송일국과 한혜진이 드라마 속 실제 모습으로 관람객을 맞는다. 캐릭터 조형물이다. 가까이 다가가 눈인사를 전하자, 귓등으로 누군가의 말이 들려온다. 매표소 업무를 맡고 있는 김예은 씨다. 그녀는 자신도 송일국과 한혜진의 팬이라며 "그 분들 참 멋있죠?"라고 반문한다.

"한창 주몽 드라마가 인기 있었을 때는 하루에 500명 이상의 관람객이 이곳을 찾았어요. 지금까지 100만명 이상이 다녀갔거든요. 평일에는 수학여행을 온 학생들이나 단체관람객이 주를 이루고 주말에는 가족이나 연인들 위주로 많이 오시죠."

고전적이고 단아한 외모가 '알리미' 역할을 하는데 제격일 듯싶다. 근무한 지는 오래 되지 않았지만 그녀는 이곳 전도사 역할을 자부한단다. 이 거대한 성을 안내하는 문지기의 일상이 불연 탐이 난다. 시간을 역류하여 사는 삶도 그리 나쁠 것 같진 않다. 현실의 부유와 빈한을 모두 떨쳐버릴 수 있다면 나는 이곳의 문지기가 되고 싶다.

테마파크 안에서 맨 처음 만나는 것은 '스타의 거리'다. 이곳을 배경으로 촬영한 드라마나 영화에 출연했던 인기 배우들의 핸드프린팅과 사진이 배너로 표현되어 있다. 송일국과 한혜진 외에도 주몽에서 유화부인 역을 맡은 오연수를 비롯하여 여미을 역의 진희경, 왕후 역의 견미리, 모팔모의 이계인, 영포의 원기준, 마리의 안정훈, 양탁의 김진호, 대소의 김승수 등을 만날 수 있다.

스타의 거리 너머로 커다란 조형물 「삼족오의 비상」이 눈에 띈다. 작품은 전체적으로 환상적 이미지가 강하다. 삼족오란 고구려 벽화 성신도에 등장하는 존재로 우리 민족이 태양처럼 신성시 했던 대상이다. 작

나주 영상테마파크의 스타의 거리 이곳에선 송일국, 한혜진 등이 드라마의 실제모습으로 관람객을 맞는다.

품의 해설은 이렇다. "주몽을 비롯한 역사 속의 장군들과 로버트 태권브이가 합성된 형태로 지하에서 힘차게 기상하는 우리 민족의 미래에 대한 희망과 염원을 담고 있다."

역대 장군들과 태권브이의 합성은 상상력의 극치를 보여준다. 이들의 결합은 한국판 스타워즈에 비견된다. 넓은 만주 대륙을 지배하였던 고구려 광개토왕의 거침없는 웅혼의 기백이 서려 있다.

손으로 만져볼 수 있는 체험명화관도

제1 성문을 지나 안으로 들어가면 실내 스튜디오가 나온다. 화살표가 이끄는 방향을 따라 걸음을 옮기면 다소 이질적인 풍경과 만나게 된다. 이곳에는 국내외 유명 화가들의 작품을 실사한 그림들이 전시되어 있다. 이름 하여 명화전시관. 드라마세트장에 웬 미술전시관이 있나 다소 의아할 법도 하다. 예전에 보았던 「미술관 옆 동물원」이라는 영화가 불연히 떠오르는 건 서로 다른 이질적인 공간이 공유하고 함의하는 아우라 때문일 터다.

여기에는 밀레, 고흐, 모네, 클림트, 모딜리아니아, 김홍도, 신윤복 등의 작품이 걸려 있다. 이들은 공통적으로 천재화가, 비운의 화가라는 수식어를 공유한다. 그들이 뿜어내는 보이지 않는 기가 실내의 조명을 환하게 밝히는 듯하다.

벽면에 걸린 작품들을 찬찬히 훑어본다. 아니 만져본다. 놀라지 마시라! 이곳은 작품을 직접 만져볼 수 있는 체험미술관이니. 「이삭줍기」, 「별이 빛나는 밤에」, 「어선이 있는 풍경」, 「키스」, 「노랑스웨터의 잔느」, 「씨름」, 「단오풍정」……

손끝이 모네의 「어선이 있는 풍경」에 닿는다. 손끝으로 푸른 파도가 밀려온다. 화가의 붓질에 피어난 푸른 바다의 풍광은 사뭇 몽환적이다. 화가의 내면 풍경이 그러할 것 같다. 모네의 눈에 비친 클리우드의 푸른 바다는 아름답고 환상적이어서 보는 이의 감성까지 푸르게 물든다.

검푸른 화폭에 영산강의 물줄기가 오버랩된다. 황포돛배를 띄운 영산강은 환상적이지도 몽환적이지도 않다. 그저 수수하며 친근하다. 강과 바다의 차이일까, 몽환과 친근의 차이일까. 손끝을 타고 밀려오는 바닷바람에 늦가을 한기가 서린다.

철기방 어딘가에 코믹한 모팔모 있을 듯

고구려가 첫 도읍을 정한 졸본부여궁으로 들어선다. 주몽이 부여 일족과 고대 우리나라 대제국의 토대를 마련한 궁이다. 드라마에서는 졸본부여에 천재지변으로 역병이 퍼지자 주몽이 기원을 올렸던 곳이다. 세차게 몰아치는 폭우를 아랑곳하지 않고 바닥에 무릎을 꿇은 채 간곡하게 기도를 하던 주몽의 모습이 어딘가에 있을 것 같다.

관람객의 발길이 가장 많이 당도하는 곳은 '어설픈' 철기방이다. 상상속의 공간을 재현했다지만 어딘지 모르게 엉성하다. 고대 국가의 힘은 철기로 대표되는 신무기에서 비롯되었다. '권력이 총구에서 나온다'는 것과 같은 맥락이다. 고구려의 건국은 이을 증명한다. 신무기의 개발 여부는 국가의 존립과 성쇠를 좌우했다.

그러나 드라마 속 철기방은 다분히 희극적인 공간으로 그려졌었다. 모팔모 역으로 나왔던 이계인의 코믹 연기는 일품이었다. 잔뜩 눈에 힘을 주고 핏대를 세우던 모습은 웃음을 자아내기에 충분했지만 한편으론 지나치게 오버를 하고 있다는 생각을 하게 했다. 저러다 혈압으로 쓰러지면 어떨까 하는 걱정은 비단 나만의 기우는 아니었을 것이다.

실내세트장은 영상테마파크의 필수 관람 코스다. 이곳은 우리나라 최고의 대규모 촬영세트장이다. 실내에 들어서면 고대의 궁궐 안에 들어와 있다는 착각이 든다. 고구려왕과 부여왕의 편전을 그대로 옮겨온 듯하다. 임금의 집무실에 들어서자 '천상천하 유아독존'이라는 말이 상기된다. 대제국을 건설하고 세상을 호령하는 대장부의 기개를 호흡한다.

고대 궁 앞의 저잣거리 모습(위), 철기방의 모습(아래).

고대의 궁궐을 재현한 대규모 촬영 세트장.

"참 잘 지어놨소. 여기에 들어오니까 나도 왕이 된 것 같네. 처음부터 왕후장상의 씨가 따로 있답니까? 백성의 소리에 귀 기울이고 하늘처럼 받들면 그것이 최고의 나라님이죠."

나락 농사를 지어놓고 마을 분들과 마실을 왔다는 남문우 할아버지(광주 북구, 79)의 말이다. 낼 모레면 여든인데 허리 굽은 데도 없이 정정하시다. 할아버지에게 나라님의 표상은 백성을 하늘처럼 받드는 이다.

실내 세트장을 나오며 나라님을 생각한다. 고대, 근대, 그리고 현대에 이르는 수많은 나라님들을. 그들은 백성의 소리에 얼마나 귀를 열어두었을까. 섬기기보다는 섬김을 받으려고 하지는 않았는지. 영산강을 굽어보며 물 흐르듯 흐르는 역사의 순리를 생각한다.

금방 해가 이운다. 어둠을 뒤로 하고 영상테마파크를 터벅터벅 걸어 나온다. 11월의 밤은 모네의 「어선이 있는 풍경」처럼 쓸쓸하고 몽환적이다. 고대의 시간과 공간은 아직까지 내 의식속에 소담스레 깃들어 있다. 어둠에 정박해 있는 황포돛배를 타고 주몽의 시대로 홀연히 떠나고 싶다. 철기방에 들어가 쇠를 두드린다면 지금보다는 삶이 덜 고단하지 않을까. 대학 강사인 나는 코앞으로 다가온 겨울방학이 두렵다.

강기슭에 정박해 있는 모래채취선 너머로 한줄기 노을빛이 잦아든다. 움직이지 않는 채취선은 쇠락한 해적선을 닮았다. 크고 작은 너울이 채취선을 핥으며 하얗게 부서진다.

19. 함평 학교(鶴橋)와 사포나루

저 서늘하고도 수굿한 물비늘!

　남도창 호남가의 첫머리는 '함평천지'로 시작한다. 함평천지는 함평을 대변하는 고유명사다. 천지라는 말 앞에 어느 지역을 붙인들 이보다 더 적확할까. 일물일어는 이를 두고 하는 말인 듯하다.
　함평을 대표하는 브랜드는 나비다. 전국의 지자체에서 벤치마킹을 할 정도로 함평 나비의 비상은 화려하고 눈부시다. 이제 '나비의 고장'이라는 말은 단순한 수사가 아니다. 허식의 치장도 아니다. 외지 사람들이 내남없이 보내는 시샘이요, 상상을 현실로 피워낸 공력에 대한 찬탄이다. 함평에서 나비는 단순한 곤충이 아닌 진객으로 기호화된다. 단순한 상징 너머 생명의 공간성을 함의하는 표상으로 자리매김했다는 의미다.
　그리하여 세상의 모든 나비는 함평으로 날아든다. 사람들은 나비의 천국을, 아니 천국의 나비를 감흥하며 완상한다. 사람과 나비가 하나 되는 호접몽에 대한 희구는 현재를 담보로 가까운 장래를 아름다이 실현하고자 하는 오롯한 꿈일지 모른다. 그래! 나비야 함평 가자. 나비야 해산 가자. 나비야 천국 가자.

나주를 넘어 함평에 들어서며 나비를 생각했다. 아니 나비효과를 떠올렸다. 나비효과란 미국의 기상학자 에드워드 N. 로렌츠가 주장한 것으로 브라질에 있는 나비가 날개를 펄럭이면 미국본토에서 토네이도를 발생시킬 수도 있다는 이론이다. 사소한 사건이 전혀 예측할 수 없는 결과를 불러일으킨다는 의미다. 함평 나비의 날갯짓은 전국의 고을에 소슬하면서도 신선한 바람을 불러일으켰다.

학교(鶴橋)에 학다리는 없다
각설하고. 12월의 차가운 햇살을 받으며 학교면에 들어선다. 놀라지 마시라. 아니 주눅 들지 마시라. 이곳은 공부하는 학교가 아닌 학의 다리라는 뜻을 지닌 학교(鶴橋)라는 지명의 고장이니.

학교는 함평군의 남동쪽에 위치한 평야지대로 광주와 목포의 중간지역에 자리한 고장이다. 호남선철도와 국도 1호, 23호선이 교차하는 교통의 요충지이자 영산강을 사이에 두고 나주와 경계를 이루는 접경지다.

일설에 따르면 학교라는 명칭은 지역의 형국이 학과 같다 하여 붙여졌단다. 어떤 이들은, 옛적에 많은 비가 내려 큰물이 지면 어김없이 학이 날아들었다 해서 붙여진 이름이라고도 했다. 이 지역 사람들이 장수의 으뜸으로 치는 학을 다리의 이름으로 택했고 마을 이름이 그와 같은 연유에서 학교로 불리었다는 것이다.

그런데 웬걸, 학교(鶴橋)에는 학다리가 없다. 영산강 지류에 내걸린 몇 개의 다리를 더듬어 휘적휘적 발품을 팔았지만 그런 이름은 어디에

함평 학교면 고창마을 앞에 있는 유선정.

서도 찾을 수 없었다. 애당초 학다리는 존재하지 않았는지 모른다는 의구심마저 들었다. 아름답고 고고한 학다리를 기어이 보리라. 그 허랑한 작심을 거둘 수 없어 나는 12월 한나절을 바람난 개처럼 영산강 일대의 벌판을 누볐다.

매운바람에 볼이 얼얼하고 숨이 차다. 허공에 들린 발은 부지런히 품을 파는 것으로 노고의 수고로움을 증명하였으나 돌아오는 건 헛되고, 헛되고, 헛되도다, 라는 성경의 구절처럼 빈 바람뿐이었다.

"옛날의 학다리는 하천공사를 하면서 없어져 부렀어. 네거리에서 엄다로 가는 하천 아래쪽 부근에 학다리가 있었거든. 지금 나주에 있는 고막석교처럼 그런 돌다리였어. 길이는 대략 10미터쯤 됐나.

함평 학교(鶴橋)와 사포나루 159

윗대 어른들 말로는 그 다리가 옛날 조선시대 때는 목포서 서울로 가는 길목이었다는구먼. 허나 하천공사를 하면서 안타깝게 없어져 부렀어."

학교면 당교리 백학경로당에서 만난 어르신이 건넨 말이다. 함자를 알려달라고 부탁했지만 지그시 미소로 대신한다. 백학이라는 명칭이 절묘하고 수수하다. 영산강변 어귀에서 이곳으로 날아들었을 백학의 섬연한 자태가 그려진다. 백발이 성성한 어르신들의 황혼이 한 마리의 백학에 비견됨이 자못 이채롭다. 어르신의 말에 따르면 분명 학다리가 있었고 그것이 이 고을의 명패가 되었던 듯싶다.

동강대교 건설로 포구 기능 잃어버려

해가 이운다. 사포나루는 온통 차가운 물비늘로 반짝인다. 눈에 덮인 비늘을 벗기지 않고는 저 서늘하고도 수긋한 물비늘을 보지 못하리. 우리는 다만 삶이라는 광야를 건너 저기 보이는 나루에 잠시 쉬다 떠나는 나그네가 아니던가. 산속에서 패악하듯 목청을 뽑는 새여! 그악스레 울지만 말고 진중하고 부드러운 노래를 불러다오. 나는 이 천지에 머물 곳 없는 작고 부박한 우생이니 박절하게 내쫓지는 마시게……

사포는 예전에 서호(西湖)라는 지명으로 불렸다. 나주와 함평을 잇는 주요 교통로였지만 지난 92년 학교면과 나주의 동강면을 잇는 동강대교가 건설되면서 포구로서의 기능을 상실하였다. 시멘트와 철근과 토목이 어우러져 빚어낸 역학은 삶의 무대를 무한대로 확장시켰다. 발전은 속도와 동음이의어로 치환되더니 모든 영역을 지배하기에 이르렀다. 차들이 무한대로 질주하고 그것에 얹힌 일상이 화살처럼 빠르게 날아가는 사이, 추억의 가치와 존재론적 삶은 철저하게 부정당하고 폄하되었다.

　나루 저편에서 바라보는 동강대교는 역광을 받아 암연하다. 저 다리를 건너면 어디로 가는 것일까. 저 다리 너머에도 사람들의 집이 있을까. 하늘과 땅과 강이 빚어낸 신비하면서도 명미한 풍광 앞에서 잠시 봄 같은 세상을 꿈꾼다.

　강기슭에 정박해 있는 모래 채취선 너머로 한줄기 노을빛이 잦아든다. 움직이지 않는 채취선은 쇠락한 해적선을 닮았다. 크고 작은 너울

시포나루 앞에 놓인 동강대교는 나주 동강면과 함평 학교면을 잇는다.

동강대교에서 바라본 사포나루. 바람이 분다. 노을빛 햇귀는 떨어지고 바람은 차다. 어디선가 오랜 북소리 같은 잔잔하고 애달픈 울림이 밀려온다. 잠시 머물다 떠나는 이 청춘의 강에서 서성인다. 내가 건너야 할 강은 어디에 있는가. 우리가 건너야 하는 강은 어디에 있는가.

이 채취선을 핥으며 파랗게 부서진다. 반대편 너머로 고기잡이용 보트와 통발도 보인다. 사공은 오간데 없고 강어귀에 어구만 휑하니 놓여 있다. 주민들은 영산강 하구언이 축조된 이후로는 예전만큼 고기가 잡히지 않는다며 원망 섞인 한탄을 한다. 하구언을 열어달라는 의미지만 더는 강을 함부로 파헤치지 말라는 경고이기도 하다.

어쩌면 그것은 강물이 전하는 소리일지도 모르겠다. 누가 강의 주인이며 누가 이 나루의 주인인가. 강과 나루의 소유자는 그 누구도 아닌 강과 나루일 뿐이다. 그것의 소유권자는 우리의 후손이며 원소유권자는 절대자이다. 인간이 자연을 어찌할 수 있다는 것은 무람한 발상이다. 어쩌면 그것은 괴테의 파우스트에 등장하는 주인공 도리안처럼 영혼을 젊음과 맞바꿔버린 어리석은 행위일지 모른다.

바람이 분다. 노을빛 햇귀는 떨어지고 바람은 차다. 빙어, 붕어, 각시붕어, 가물치, 동자개, 모래무지, 참붕어, 미꾸리, 몰개, 누치, 송사리, 참개…… 이름도 생소한 물고기들의 이름을 호명해본다. 어디선가 오랜 북소리 같은 잔잔하고 애달픈 울림이 밀려온다.

잠시 머물다 떠나는 이 청춘의 강에서 나는 서성인다. 내가 건너야할 강은 어디에 있는가. 우리가 건너야할 강은 어디에 있는가. 이 나루 어딘가에 꼭 맞춤한 나룻배가 있을 것도 같다.

강물은 시린 바람을 타고 아래로 흘러간다. 바람이 분다. 바람이 분다. 은비늘이 부서지는 사포나루에 서서 나는 지나간 것들을 하염없이 불러 세운다.

20. 함평 엄다 자산서원

이 땅의 선비들은 들어라!

자산서원은 조선의 선비 곤재 정개청 선생이 만년에 학문을 강구하고 후학들을 가르친 곳이다. 자산서원은 사액서원임에도 불구하고 당화를 가장 많이 입은 서원으로 꼽힌다. 그만큼 정치적 외풍이 많았음을 반증하는데, 역설적으로 정개청의 강직한 천품을 알 수 있는 대목이기도 하다.

한 해가 서서히 저물어 가고 있다. 시간은 어디로 흘러가는가. 서편의 붉은 노을을 바라보며 잠시 마음의 렌즈를 닦는다.

모든 것은 흘러간다. 하루, 한 달, 한 해……. 나의 삶도 그리고 당신들의 인생도 우리 모두의 역사도 해와 달의 주기에 맞춰 미지의 곳으로 달려간다. 그 미지의 곳은 어디일까. 그리고 미지의 이면에는 무엇이 있으며 그것을 주관하는 이는 누구인가.

자산서원 기념비.

터벅터벅 걷는 걸음에 속절없이 생각이 깊어진다. 해석되지 않는 생각과 문장과 감정이, 저문 강을 따라 흐른다. '깊은 강은 멀리 흐른다'라는 소설가 김영현의 작품 제목처럼, 깊은 생각 또한 멀리 흐르는 법인가 보다. 그러나 '생각의 강물'은 더러 자아를 침윤시키며 독단이라는 그물의 덫에 걸리게 한다. 그저 흘러가야 하리. 저 끝을 모르는 강물처럼 소리 없이 여일하게 흘러가야 한다.

사포나루에서 발품을 팔아 함평 엄다면의 자산서원으로 향한다. 조선의 선비 곤재(困齋) 정개청(1529~1590) 선생이 만년에 학문을 강구하고 후학들을 가르친 곳이다. 선생의 저서인 『우득록』과 이를 간행했던 목판이 함께 보관되어 있어 조선중기 이후의 목판인쇄술을 가늠할 수 있다.

그런데 하필 정개청은 자신의 호를 곤재(곤할 곤(困)과 다스릴 제(齊))라 칭했을까. 학문을 견지하는 그의 깊은 뜻이 담겨 있을 법하다. 엄정하고 정밀하게 문리를 궁구하되 겸손의 덕을 견지하기 위함이 아닐지.

자산서원은 당화를 가장 많이 입은 서원 가운데 하나다. 임금이 직접 이름과 토지를 하사한 사액서원인데도 말이다. 그만큼 정치적 외풍이 만만치 않았음을 반증하는데, 정개청의 강직한 천품과도 관련이 있을 것으로 추정된다.

16세기와 17세기를 전후한 조선의 정치사는 당파와 당쟁으로 집약된다. 사화와 옥사는 당대의 정치가 극한의 분열과 대립의 역사였음을 반증한다. 조선 왕조의 국권상실은 다분히 이 같은 당파성에서 기인했다.

조선 왕조의 토대는 성리학에 입각한 왕도정치의 구현이었다. 군주가

법이자 통치 그 자체였다. 그러나 어느 시대를 막론하고 현실을 바꾸고자 하는 세력이 있기 마련이다. 이들은 왕도정치의 폐단을 바로잡고 기득권 세력에 맞서기 위해 모반을 꿈꾸었다. 유능한 인재가 등용되고 덕망과 학식이 있는 신하들의 충언이 정치에 반영되는 세상을 희원했다.

바야흐로 조선의 붕당정치가 수면 위로 부상한 건 선조 때에 이르러서였다. "뜻이 같은 사람들의 모임"을 일컫는 붕당은 요즘으로 치면 정당에 해당한다. 물론 작금의 '철새정치' 인들의 둥지인 정당과는 다소 그 성격이 다르지만 부정적인 의미가 담겨 있는 것만은 사실이다.

붕당은 자연스레 학맥을 중심으로 결성되었다. 향촌이나 서원이 지역의 그 중심역할을 담당했고 이곳을 통해 중앙 정치무대에 진출한 관료들은 자연스럽게 그들만의 리그를 결성하기에 이른다. 서인과 동인의 대립, 남인과 북인의 대립은 명백히 붕당정치에서 비롯된 것으로 기저엔 늘 당쟁과 사화의 싹이 움트고 있었다.

정개청의 죽음은 선조 때 정여립의 사건을 계기로 동인과 서인들 사이에 벌어진 세력 다툼, 즉 기축옥사와 관련이 있다. 당시 정국의 핵심세력이었던 서인의 이이가 죽자, 선조는 동인을 중용하여 권력의 분산을 꾀한다. 이 과정에서 한때 이이의 천거로 청현직에 올랐던 정여립이 선조의 눈 밖에 나게 된다. 이이가 죽자 그를 배신하고 서인에서 동인으로 변절했다는 것이다. 고향 전주로 쫓겨 간 정여립은 대동계를 조직하고 '혁명'을 꿈꾼다. 정여립은 혈통에 입각한 왕위계승에 대해 회의적이었는데, 이는 당시로선 매우 혁명적이고 불온한 사상이었다.

그러나 모반은 낙타가 바늘귀를 통과하는 것만큼 어려운 법. 결국 모반의 기밀이 알려지고 정국은 일대 파란에 휩싸인다. 수세에 몰려 있던 서인은 대대적인 공세를 폈고 정여립은 진안군 죽도로 피신했고 결국 얼마 후 자결로 생을 마감한다. 아들은 처형되고 정여립과 가까웠던 관료들은 죽거나 관직을 박탈당한다. 이 과정에서 서경덕의 제자였던 정개청도 작당의 무리로 낙인 찍혀 옥사하게 된다.

"곤재 할아버지는 서인도 동인도 아니었어요. 학문이 심오하고 시문에 조예가 깊은 문인이셨어요. 정여립과는 꽤 친분이 가까웠던 것 같아요. 그 분이 중앙무대에서 실각하고 낙향했을 때 곤재 할아버지께서 직접 전주에 가 집터를 잡아주셨으니까요."

엄다면에 거주하는 곤재의 14대손인 정명환 씨의 말이다. 그는 곤재의 문집인 『우득록』을 펼쳐 보여주며 "때마침 올해도 기축년인데 나라 안팎이 적잖이 시끄러워 걱정이 된다"며 씁쓸한 표정을 짓는다. 그에게서 4백여 년 전 반대파의 모함으로 숙청을 당해야 했던 강직하고 학문이 깊었던 한 선비의 모습이 묻어난다.

『우득록』의 우(愚)는 "각고의 노력으로 진리를 알아낸 것을 기록한 서적"이라는 뜻을 상정한다. 이는 곤재의 곤(困)과도 의미가 연결되는 것으로 정개청의 지극히 겸손한 성품을 드러낸다. 또한 옛 현인들의 자겸의 자세를 계승하고자 하는 선생의 다짐이기도 하다.

자산서원을 둘러보며 이 시대의 진정한 모반은 무엇이며 학문하는

14대 후손인 정명환씨가 곤재 정개청 할아버지에 대해 설명하고 있다. 곤재 정개청 선생의 문집인 『우득록』. 곤재 정개청 선생의 문집 『우득록』을 간행했던 목판.

엄다면을 에돌아 흐르는 영산강, 늦가을의 정취가 완연하다.

자의 태도는 어찌해야 하는지를 생각해 본다. 모반과 학문은 불립의 관계처럼 보이지만 본질적인 측면에서는 상통한다. 불의와 위악을 넘어서려는, 머무르지 않고 뛰어넘으려는 열망을 근간으로 하기 때문이다.

흔히들 작금의 시대를 지식인은 넘쳐나지만 선비다운 선비는 없는 세상이라며 통탄한다. 진리와 진실을 호도하고 곡학아세를 넘어 '곡학아자(曲學阿資)'로 치닫는 무늬만 선비들인 사람들이 넘쳐나기 때문인지 모른다.

중추의 달빛 교결함이 낮 같은데……

나는 고전문학 전공자는 아니다. 뒤늦은 나이에 대학원에 입학해 현대문학을 공부한 만학도다. 사람과 글을 다루는 인문학은 항상 표현의 문제와 직결된다. 연구자들은 더 풍부하고 깊이 있게 사물의 본질을 드러내고자 하는 욕구를 갖기 마련이다. 그러다 보면 자칫 내용은 공소하고 외양만 화려한 글에 집착하는 우를 범하기도 한다.

그러나 옛 선비들의 시문에는 그 자체로 완결된 하나의 세계를 구현하고 있음을 보게 된다. 당대의 시대를 고민하며 참다운 세상에 대한 열망의 끈을 놓지 않으려는 고고한 선비정신이 투영되어 있기 때문이다. 정개청의 시문 곳곳에도 다양한 시선을 견지하려는 의지적인 노력이 엿보인다. 정치함, 깊이, 수사가 다층의 시선과 사물로 확장되고 변주된다. 학문에 대한 정미한 탐구와 문에 대한 정묘한 조예가 깃들어 있다.

십여 년 전 기자생활을 할 때, 나는 가끔 인근 서원을 찾곤 했다. 옛 선비들의 삶과 학문에 대한 열정을 엿보고 싶었다. 그때마다 나는 기록하는 자로서의 부족한 자질과 치밀하지도 치열하지도 못한 정신을 자책해야 했다. 가끔은, 아쉽고 불편한 감정에 부딪칠 때도 있었다. 서원의 이면 그 너머에 드리워져 있는 정치적인 배경이 겹쳐 떠올랐기 때문이다.

서원은 국운이 융성하고 학문이 꽃피었던 중심지이기도 하지만 한편으론 정치판과 연계되는 권력 투쟁의 공간이기도 했다. 지금의 시대도 크게 다르지 않을 터이다. 학문의 전당은 근원적 가치 추구보다 효율과 편리, 기득권을 위한 교묘한 기제가 가혹하게 작동하고 있으니 말이다.

서원 안팎을 둘러보며 정개청 선생의 인품을 떠올린다. 관리가 제대로 되지 않아 서원은 웃자란 풀이 가득하고 쇠락한 명망가의 고택 같은 분위기가 느껴진다. 외진 곳이라 사람의 발길도 뜸하다.

이곳은 1868년 대원군의 서원 철폐령에 의해 마지막으로 문을 닫은 이후 1942년 음력 9월 9일에 처음으로 추향제를 지내기 시작한다. 그러다 1980년대 중반 이후 문중과 지역 유지, 학계인사들의 복설운동을 시작으로 1988년에 유물관을 신축하고 2002년에 관리사를 준공하여 오늘에 이른다. 서원은 관리와 방조의 상태로 그저 그곳에 남아 있을 뿐이다.

기축년이 저물고 있다. 기축옥사가 일어난 지 어언 420년. 그때와 지금 무엇이 다르고 무엇이 같은가. 갈대밭이 바람에 흔들린다. 강물은 출렁이며 스스로가 낸 길을 향해 무연히 흘러가고 있다. 선비는 가고 서원은 남았다. 시대는 가고 진리는 남았다. 스스로를 낮추고 다스리던 곤재의 참다운 선비정신이 그리운 시대다.

중추의 달빛 교결(皎潔)함이 낮 같은데

소나무 아래 숨은 사람 그림자와 짝될 때네

가는 기러기의 한 소리 하늘 밖으로 멀어지는데

이 가운데 마음일랑 누가 알소냐

　　　　　　－「회포를 읊음 3수」 정개청, [병자년(1576) 8월 9일].

21. 무안 항공우주전시장

광대한 우주의 착륙!

사람은 새처럼 자유롭게 하늘을 날 수 없을까. 비행기는 어떻게 하늘을 날 수 있는 걸까. 비행기를 처음으로 생각해 낸 사람은 누구일까. 달에는 누가 언제 처음 착륙했나. 화성에는 정말 생명체가 존재할까.

항공우주전시장 입구에 걸린 문구다. 과거로부터 미래에 이르기까지 인간의 날고자 하는 욕망은 날로 진화하고 있다. 점점 세련되고 강렬하게.
비상에의 집착은 생을 연장하려는 의지만큼이나 집요하다. 땅을 박차고 하늘로 솟아오르고자 하는 간절한 의지를 이곳의 항공기들은 웅변한다. 비록 현역에서 퇴역해 한물 간 신세일지라도 산맥준령을 넘던 기개만큼은 여전하다.
호담항공우주전시장 입구에서 비상을 희원한다. 머잖아 인간은 빛보다 빠른 속도로 무한히 열린 우주를 향해 날아갈 것이다. 한사코 경계를 넘으려는 '음모'는 무엇에서 비롯되었을까. 인간 세상에 대한 혐오 내지는 회의 때문은 아닐까. 그러므로 하늘을 비상하려는 이는 알아야 한다. 하늘을 날기 위해선 처절한 자기 부정이 선행되어야 한다는 사실을, 무참한 깨어짐이 비로소 비상의 첫걸음이 된다는 것을 말이다.

비상(飛翔)은 꿈이 아니라 눈부신 재현
한여름 뙤약볕을 벗 삼아 남으로 남으로 정처 없이 걸었다. 오뉴월 태양은 수직으로 비추고 그림자는 더없이 짧다. 축축 늘어지는 발걸음

무안 호담항공우주전시관 전경.

만이 온전히 나의 것인가 보다. 항공우주전시장 앞에 다다르자 저절로 발이 풀린다.

그곳에 비행기가 있었다. 한 송이 꽃처럼 음전하게 피어 있다. 광활한 초원을 내달리던 맹수의 이미지도, 거침없이 하늘을 날며 세상을 호령하던 기상도 느껴지지 않는다. 위엄도 권위도 다 내려놓고 겨우 몸체를 의탁할 공간을 차지한 채, 그렇게 서 있다.

그렇다. 사람만 퇴역을 하는 게 아니다. 비행기도 임무를 다하면 하늘이라는 무대에서 내려온다. 변한 건 없다. 날개도 형체도 그리고 이름도 그대로다. 단지 마후라를 두른 파일럿만 없을 뿐이다. 파일럿은 가고 비행기만 남는 것이다. 그러므로 이곳에서의 비상은 꿈이 아니라 재현이다. 모든 눈부신 슬픔에 대한 헌사다. 발진의 기억 속에 스며있는 상처와 회한에 대한 위무다.

이곳 우주항공전시장은 전 공군참모총장 옥만호 씨가 설립했다고 한다. 무안 출신인 그는 고향의 청소년과 지역민을 위해 기꺼이 사재를 털었다. 이곳에는 퇴역한 훈련기, 전투기를 비롯하여 모두 12대의 실물 항공기가 전시되어 있다. 그리고 보면 옥 장군은 단순히 비행기만을 전시한 게 아니다. 그는 비상의 꿈을 구체화했으며 전쟁의 가혹함을 현현했으며 그리고 아득한 우주를 가까이 불러들였다. 광대한 우주를 이곳 무안에 펼쳐놓았다.

전시장은 크게 실내 전시관과 야외 전시관으로 구성되어 있다. 전자는 우주항공분야의 발전상을 한 눈에 알 수 있도록 여러 형태의 모형,

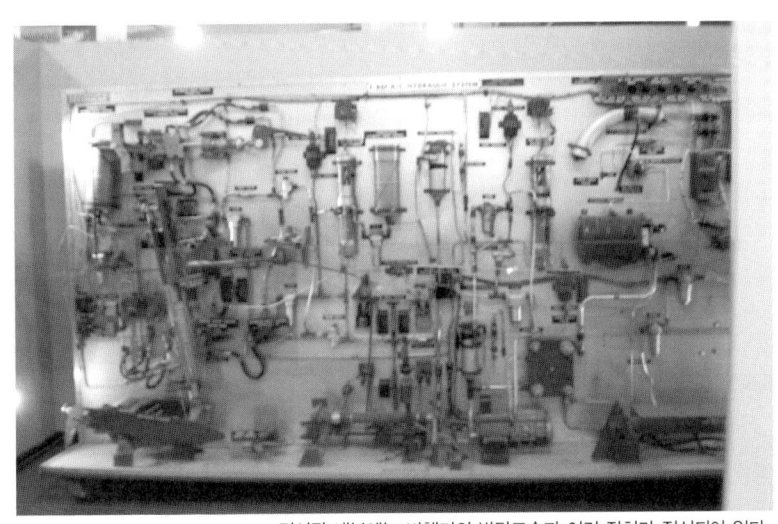

전시관 내부에는 비행기의 발달모습과 여러 장치가 전시되어 있다.

사진, 기록 등의 자료가 전시되어 있고 후자는 6·25전쟁과 베트남전에 참전했던 전투기와 훈련기 등이 비치되어 있다. 흥미로운 건 구 소련과 북한의 전투기 등도 어깨를 나란히 하고 있다는 점이다.

F-54, MIG-15, T-6, AN-2, UH-1H, O-1G, T-33A, F-51D, C-123K 등 이름도 생소하다. 여기서 잠깐, 항공기 이름을 짓는 법에 대해 알아보자. 수행해야 할 임무에 따라 명칭이 정해진다. C는 Cargo(카고)의 약자로 수송기를 뜻하며, F는 Fighter(파이터)의 약자 전투기, T는 Trainer(트레이너)를 의미하는 훈련기, UH는 Utility Helicopter(유틸리티 헬리콥터)로 다목적 헬리콥터를 지칭하며, O는 Observation(옵저베이션) 의미인 관측기를 말한다.

수송기 가운데 C-123K는 관람객이 직접 내부를 둘러볼 수 있도록 안이 개방되어 있다. 얼핏 「머나먼 정글」과 같은 전쟁영화에서 한 번은 본 듯도 하다. 상상에서나 그려보던 파일럿이 되어본다. 항공기에 탑승하여 창공 너머를 오래도록 바라본다. 익숙한 시 하나가 연기처럼 가물가물 피어오른다.

……푸른 하늘을 제압하는

노고지리가 자유로웠다고

부러워하던

어느 시인의 말은 수정되어야 한다

자유를 위해서

수송기는 직접 탑승하여 관람이 가능하다.

비상하여 본 일이 있는

사람이면 알지

노고지리가

무엇을 보고

노래하는가를

어째서 자유에는

피의 냄새가 섞여있는가를

혁명은

왜 고독한 것인가를……

김수영의 「푸른하늘을」이라는 시는 거침없다. 시인은 푸른 하늘을

항공기의 날개와 헬리콥터의 프로펠러에서 비상의 꿈이 느껴진다.

매개로 자유에 대한 의지를 구체화한다. 하늘은 자유에 대한 고투를 통해 열린다.

 인간의 존엄과 자유는 한 가지에서 피는 꽃과 같다. 그것의 뿌리는 피다. 지금 우리의 자유는 어떤가. '빅브라더의 시대'가 부활하지 않았다고 자신 있게 말할 수 있는가.

 청소부 아주머니가 하루아침에 관공서에서 해고되어 길거리에 나앉는 시대에, 시간강사가 썩은 대학사회에 절망하고 스스로 목숨을 끊는 시대에, 수많은 청춘들이 88만원세대로 전락하는 시대에, 바로 곁에서 수많은 이웃이 생존의 문제로 신음하고 있는 시대에, 그들의 뼈저린 절규를 외면한다면 우리 시대의 자유는 김수영이 외치던 피투성이로 얼룩진 자유와 무엇이 다를까 싶다.

나는 이곳에서 무한히 펼쳐진 자유의 세상을 꿈꾼다. 전쟁으로부터의 자유, 상처로부터의 자유, 억압으로부터의 자유, 비정규직으로부터의 자유, 가난과 억압, 차별과 부당함, 온갖 슬픔과 자본의 폭력으로부터의 자유를…….

억압은 영혼에 대한 위해다. 창공에 대한 비상은 모든 속박을 뛰어넘는 자유다. 나는 이곳 항공우주전시장에서 가장 근원적인 자유를 꿈꾸고 희구한다. 그리하여 성경의 시편 기자의 고백처럼 사냥꾼의 올무에서 벗어나는 새 같이 우리의 영혼이 담대하고 강건해지기를 간구한다.

22. 무안 몽탄 식영정

흐드러진 배꽃 바람에 흩날리고

　무안 몽탄을 지난 영산강은 그 폭이 사뭇 넓다. 오랜 세월 형성된 유장한 물길이 비로소 '강'이라 이름붙일 만한 당당한 모습을 만들었다. 품이 넓은 강은 기름진 곡창을 살찌웠고 철마다 이름 없는 들꽃을 피워냈다.
　강을 따라 펼쳐진 남쪽의 들녘은 순후하다. 벼꽃이 피는 지금 이때, 그러나 영산강은 결코 아름답지만은 않다. 무시로 수탈과 착취의 물길이 되어야 했던 오욕의 역사를 강심(江心)은 잘 알고 있다. 산 저편에서 이름 모를 새의 구슬픈 울음이 길게 여운을 남기며 사라진다.
　이 강변에서 또 무슨 일이 일어나고 있는가. 포크레인과 덤프가 바삐 오가는 강 저편은 황토 먼지로 뿌옇다. 누대에 걸쳐 이곳 사람들은 영산강을 먹고 살았다. 강이 밥이고 거처며 삶이었다. 그러나 지금 화려한 수사로 위장한 탐욕이 영산강을 할퀴고 있다. 머잖아 공룡으로 변할 그 탐욕은 모든 것을 블랙홀처럼 빨아들일지 모른다.
　발길이 당도한 곳은 몽탄 식영정. 바로 가까이 강이 흐른다. 강이 춤을 춘다. 손을 뻗으면 금방이라도 강물이 손에 닿을 것 같다. 속살을 감춘 채 에둘러 돌아가는 물굽이가 산수화의 풍경을 닮아 있다.

무안 몽탄 식영정 앞을 흐르는 강. 뒷편에 배뫼마을이 자리해 있는데 예전에 봄이 되면 뒷산에 배꽃이 흐드러지게 피었다고 한다. 배꽃이 바람에 흩날리면 배뫼마을은 설경보다 아름다운 한 폭의 수채화가 된다.

무안 몽탄 식영정.

　강물은 늘 'S'자형 굽이를 만든다. 강의 생래적인 기질이다. 유속과 토양의 길항은 인위가 도달할 수 없는 생명을 창조한다. 이곳도 예외는 아니어서 능수버들처럼 낭창하게 휘어진 저 부드러운 몸매를 두고 이곳 사람들은 "태극문양"이라고 부른다. '태극(太極)'의 어휘는 역경에서 처음 사용되었는데 '하늘과 땅이 생기기 이전'을 뜻한다.
　이곳 사람들의 'S'자형 굽이에 대한 시선이 남다를 수밖에 없다. 단순한 물길이 아니라 하늘과 땅이 생기기 이전인 하나의 우주로 상정한다. 강 저편 들녘은 볕이 쏟아지는 붉은 땅으로, 푸른 물이 남실남실 대는 이편은 남빛의 물길로 말이다.

산에는 배꽃이 피고, 들에는 벼꽃이 피고

식영정은 한호 임연 선생이 1630년 고향에 돌아와 지은 정자다. 말년에 그는 이곳에서 동년배 문인들과 학문을 닦았다. 더러 풍광에 반해 이곳을 찾은 시인 묵객들과 시문을 지으며 정세를 논하기도 했다. 식영정이 강학교류의 공간으로서의 입지를 다지게 된 때는 임연의 증손인 노촌 임상덕에 이르러서다. 임상덕은 제현들과 폭넓은 교류를 도모하였고 역사서인 『동사회강』을 편찬하기도 하였다.

현재의 건물은 1900년대 초반에 중건한 것으로 원래는 지금의 위치보다 위쪽에 있었다고 한다. 선인들은 좀 더 높은 곳에서 영산강의 풍광을 바라보고 싶었을 것이다. 위치와 거리에 따라 영산강은 전혀 다른 미적 감응을 불러일으킨다.

주변 경관을 둘러보고 정자 마루에 걸터앉는다. 마루에는 나이 지긋한 어르신 한분이 한낮의 오수를 즐기고 있다. 오전 들일을 마치고, 점심을 서둘러 들고 식영정에 와 몸을 누이신 모양이다. 더위를 머금은 산들바람이 코고는 소리를 싣고 허공으로 사라진다. 베개가 눈길을 끈다. 흔한 목침도 아니고 여름에 베는 죽침도 아니다. 1.5리터 들이 플라스틱 소주병이다. 투명한 액체가 반쯤이나 남아 물인지 술인지 분간하기 어렵다.

노인의 숨결에 옅은 알코올 냄새가 묻어난다. 나는 한쪽 끝 정자에 걸터앉아 나도 모르게 입맛을 다신다. 왜 식영정이 영산강 유역을 대표하는 정자인지 알 것도 같다. 하늘에서 몽탄 지역을 촬영한 사진에는 이곳의 물길이 흡사 나긋한 호리병을 닮아 있다. 그 풍광을 보노라면 누구라도 술 한 잔 걸치고 싶을 것이다. 강물이 전하는 무정한 세월에 술 한 잔 건네면서 말이다.

"풍광이 참 좋지요."

어느 결에 일어났는지 노인이 저편 물길 너머의 허공을 바라보고 있다.

"한 폭의 산수화를 보는 느낌이 드네요."
"아마 그럴 거외다."

노인은 이곳 식영정이 자리한 몽탄 이산(梨山)리에 산다고 했다. 뭔가 집히는 게 있어 물었더니, 이산(梨山)은 배뫼마을이라는 뜻이란다. 배꽃 피는 산. 예전엔 봄이 되면 뒷산에 배꽃이 흐드러지게 피었다고 한다. 배꽃이 바람에 흩날리면 배뫼마을은 설경보다 아름다운 한 폭의 수채화가 된단다. 산에는 배꽃이 피고, 들에는 벼꽃이 피고, 사람들 마음엔 정이 피고…… 피고 피고 또 피는 이 산하의 따스운 것들.
김상오(81) 노인은 나이보다 젊어 보였다. 평생을 영산강 물길을 벗 삼아 농사를 지으며 살았다며 노인은 푸근한 미소를 짓는다.

"어르신에게 영산강은 어떤 의미일까요?"

주제넘게도 나는 얕은 먹물 티를 냈다.

무안 몽탄 식영정 초막.

"말 그대로 영산강이지요, 영산강."

노인의 얼굴은 달리 무슨 의미가 있겠느냐는 표정이었다. 나는 그저 가만히 고개를 끄덕였다. 어쩌면 그 외의 답은 허언에 가까울 것 같다. 인생을 오래 사신 어른들은 그렇게 한두 마디 말로 본질을 드러낸다.

"하구언이 생기기 전에는 영산강에 황토배가 다녔어요. 봄이면 저 산에 배꽃이 만발해 배를 타고 오가는 사람들이 이곳 풍경에 취해 잠시 쉬어가곤 했다오. 젊은 양반도 알겠지만 사람이 살다 보면 꼭 술에만 취하는 건 아니라오. 왜 한번쯤은 스스로 풍경의 일부가 되어보고 싶을

무안 몽탄 앞을 흐르는 곡선의 영산강. 강물은 늘 S자형 굽이를 만든다. 강의 생래적인 기질은 인위가 도달할 수 없는 생명을 창조한다.

때가 있잖소."

노인의 선문답 같은 말에 나는 침묵할 수밖에 없었다. 나는 나의 언변이 부끄러웠고 응대를 한다는 게 면구스러웠다. 노인은 저편은 나주시 공산면 옥정리고 이편은 무안군 몽탄면 이산리라고 했다. 그러면서 방둑 높이는 공사 현장을 가리키며 깊은 숨을 내쉬었다.

"몇 두럭의 논이 들어갔는지 모른다오. 저렇게 논을 없애고 둑을 쌓으니 농민들 피해가 이만저만이 아니라는 건 짐작이 되지요. 농사를 더 이상 지을 수 없으니……."

어르신의 눈길이 머무는 곳은 붉은 흙담이 키를 높여가고 있었다. 이제 보니 노인의 희끗한 머리는 배꽃이 만발한 것처럼 보였다. 강 건너에서 시원한 바람이 불어왔다. 오래 전 강을 건너던 사공은 오늘의 무참함을 예견했을까.

붉은 바람이 불어오는 강둑을 향해 발걸음을 옮긴다. 내년에도 배꽃은 피겠지. 내년에도 황포돛배는 강을 거슬러 오겠지.

23. 무안 회산연꽃방죽

진흙에서 꽃을 피워내는 순백의 힘!

나는 연꽃이 좋다. 진흙탕에서 고결하게 피어오른 연꽃이 좋다. 땡볕이 내리쬐는 8월 초순, 그 연꽃이 만발한 초록의 세상으로 들어간다. 무안 회산백련지. 나는 천년비색 연꽃의 바다로 간다. 때마침 연꽃축제가 한창이다.

고백컨대 나는 불자가 아니다. 나는 번뇌가 많은 중생이며 거듭거듭 죄에 걸려 넘어지는 속인이다. 나는 수행이 무엇인지 모른다. 하물며 고결한 화두를 붙들어 본적도 없다. 그럼에도 나는 연꽃을 좋아한다. 흙탕물에서도 아름다이 꽃을 피워내는 그 순백의 힘을, 그 정화의 힘을 좋아한다.

늘어선 가로수 아래 매미가 제법 앙칼지게 운다. 여름 한철 그 울음은 절규에 가깝다. 짝을 향한 애타는 구애다. 매미 함부로 욕하지 말라. 너는 단 한번 만이라도 누군가를 향해 열렬히 사랑을 구한 적이 있는가. 그 궁극에 도달하려 몸부림친 적 있는가.

연꽃에는 향기가 있다. 온유와 부드러움. 그것은 요설의 요염도 아니고 무색의 무취도 아니다. 무심한 듯 사방을 은은히 물들이는 절제의

향기다. 무엇에 담아도 이내 그대로 발향이 되는, 있는 듯 없는 듯 무연히 맑음을 피워내는 그런 향기다. 중국의 유학자 주돈은 백련을 일컬어 '꽃 중의 군자(君子)'라 명했다. 진흙 속에서 피지만 결코 진흙에 물들지 않는 '이제염오(離諸染汚)'에 대한 찬탄일 것이다.

회산백련지 안에 들어서면 또 다른 세상과 만나게 된다. 이전과는 다른 선계가 열린다. 어떤 이는 연잎을 쓰고 어떤 이는 손에 들고 방죽을 건넌다. 그들은 극락정토를 향한 도를 아는 이들이다. 이곳에 들어온 자는 그렇듯 몸을 낮추어야 한다. 자신의 부끄러움을 가리는 하심이 없이는 이 극락의 정원을 무사히 건너지 못하리.

어디선가 가곡 '보리밭'이 들려온다. 가설무대에서 리허설이 한창이다. 한복을 차려입은 일련의 단원과 나비넥타이를 맨 지휘자가 뙤약볕 아래 화음을 맞추고 있다. 무안군립합창단의 기교가 섞이지 않는 담백한 화음이 건조한 허공을 가른다. 사이사이 그악스런 매미의 울음이 변주된다. 군립합창단의 수수한 가락은 매미의 울음을 압도하며 기억의 저편 보리밭을 펼친다.

보리밭 사잇길로 걸어가면/ 뉘 부르는 소리 있어 나를 멈춘다
 청보리밭을 걸으며 보리피리를 불던 기억이 아스라이 펼쳐진다. 걸림 없이 이어지는 발걸음이 가볍고도 무겁다. 뉘 부르는 소리 있어 나를 멈추는가. 그 부르는 이는 누구이며 그는 어떠한 연고로 이곳에 와 있는가. 진흙에서 청랑하게 피어난 연꽃을 바라보며 나는 지난 기억을 가늠한다. 나를 부르는 이는 아마도 과거의 나가 아닐까.
 이곳은 원래 일제시대 농업용수를 공급하기 위해 축조된 저수지였다고 한다. 일제 패망과 아울러 기능을 상실한 저수지에 언젠가부터 연꽃이 자생하면서 집단서식지로 탈바꿈했다는 것이다. 동양 최대의 백련 서식지로 면적만도 33만 평방미터에 달한다. 백련이 만발하는 7~9월경 이곳은 순백의 세상을 열어 세상살이에 지친 이들의 순례의 발길을 붙든다.
 오후 나절이라 생각만큼 연꽃이 보이지 않는다. 누군가 "연꽃은 없고 시퍼런 잎만 창창하다"며 투덜댄다. 그는 분명 연꽃의 생리를 모르는 사람일 것이다. 대개의 외지인들은 연꽃이 만발한 풍광을 기대했다 실망하기 십상이다. 그러나 연꽃은 암수양성화다. 수분을 얻기 위해 벌을 유혹해야 하는데 낮에 꽃이 피면 벌이 이곳 먼 방죽까지 올 리 만무하다. 그래서 새벽과 오전에 꽃이 피었다 점심나절에 잎을 오므린다.

또 하나, 연꽃은 내부의 온도가 외부보다 5도 정도 높다. 스스로 태워 꽃을 피울 수 있는 까닭이다. 이렇듯 자신을 태워 꽃을 피우는 연꽃은 그 안에 씨를 포태한다. 일반 꽃은 꽃이 지고 씨가 맺히는데 연꽃은 꽃과 씨가 동시에 핀다. 인과응보. 다시 말해 원인과 결과를 엄정하게 보여주는 섭리다. 살면서 함부로 업을 만들어서는 안 되는 이유가 여기에 있다. 업에 업히지 말고 업을 다스려야 함을, 아니 선으로 이겨야 함을 말이다.

또 다시 '보리밭'이 회산백련지에 울려 퍼진다. 합창단의 무기교와 무미의 가락이 연꽃 향을 닮아 청정하며 담백하다. 조금은 과장되어 보이는 지휘자의 동작도 다시 보니 맞춤하며 고아하다.

옛 생각이 외로워 휘바람 불면/ 고운노래 귓가에 들려온다
방죽을 걸어 나와 연 홍보관으로 향한다. 연을 이용하여 만든 제품만도 수십 종에 이른다. 연잎차, 연꽃차, 연냉면, 연아이스크림, 연근주스, 연식혜……. 향으로도, 꽃으로도, 그리고 식품으로도 연의 효용은 무궁하다. 홍보관을 부지런히 오가는 많은 이들과의 연을 생각하며 나는 누군가에게 얼마나 향기 있는 사람이었던가를 묻는다. '깊은 강이 멀리 흐르는' 것처럼 참 향기는 멀리까지 이른다는 말을 새긴다.

"연꽃은 뿌리, 줄기, 잎 세 부분으로 이루어져 있지요. 이들은 각각

연꽃축제 홍보관.

저승, 이승, 극락을 상징합니다. 부처님이 태어날 때 그의 어머니인 마야부인 옆에 오방색 연꽃이 피었다고 합니다. 푸르고, 붉고, 노랗고, 희고, 까만 연꽃 말이에요. 진흙탕 속에서 아름다운 꽃을 피우듯 더러운 세상을 정화하라는 뜻이지요."

문화해설가 최원숙 씨의 설명이다. 비록 비루하고 고단한 삶일지라도 선한 본성을 잃지 않으면 연꽃의 향기를 실현할 수 있다는 얘기다.

메마른 하늘에서 소나기 빗발이 긋는다. 연꽃방죽을 나와 세상 속으로 걸어간다. 저기 저 가까운 천국을 향해 뚜벅뚜벅 걷는다. 보리밭이 다시 귓가를 맴돈다. 돌아보면 아무도 보이지 않고 저녁놀 빈 하늘만 눈에 차누나.

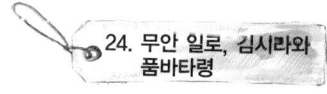

24. 무안 일로, 김시라와 품바타령

욕망의 세상을 향한 일침

품바타령을 들어본 적 있는가. 누더기차림에 벙거지를 눌러쓰고 찌그러진 깡통을 신명나게 두드리며 세상을 향해 질펀한 육두문자를 뱉어내던 각설이를 본 적이 있는가. 비루하면서도 고결하고, 처연하면서도 당당한 그 각설이의 무애의 눈빛을 보며 일말의 카타르시스를 느낀 적 있다면, 당신은 진실로 삶의 역리를 아는 자다. 너절한 삶이 주는 융융한 해학을 터득한 자다.

삶의 나락으로 떨어져 비감하고 원통하여 잠 못 이루는 시절에 '품바' '얼씨구' '각설이'와 같은 낯선 언어를 들으며 어깨춤을 들썩이거나 비애를 곱씹은 적 있다면 당신은 다분히 '품바'가 될 기질을 소유하고 있는 거다. 아니 품바의 정신을 아는 거다.

품바는 일제의 압제가 맹위를 떨치던 식민시대와 자유당 말기를 배경으로 한 풍자극이다. 의협심 강하고 정 많은 각설이를 주인공으로 내세워 물신주의에 물든 세태를 통렬하게 비판한다.

주인공 천장근은 일제지하 목포에서 태어난 부두노동자다. 그는 일본의 공출미 추진에 대항하여 파업을 일으키고 그로 인해 수배를 받게 된다. 무안 일로로 피신한 그는 그곳에서 걸인들을 규합해 천사회를 조직한다. 100여명의 거지를 거느린 천사회는 자체 내규를 만들어 행동을 규제하고 '품위'를 강제한다.

이후 6·25의 발발로 천장근은 아내를 잃게 된다. 아내의 죽음은 그에게 인간은 무엇이며 어떠한 존재인가라는 근원적인 고민을 갖게 한다. 낮은 자, 가지지 못한 자, 천대 받는 자를 향한 그의 시선은 더욱 깊어진다. 인간존엄에 근거한 만인평등은 사람이 소유에 의해 차별받는 존재가 아니라 그 자체로 존귀한 존재임을 깨닫게 한다.

　　어얼씨구씨구 들어간다/ 저얼씨구씨구 들어간다/ 작년에 왔던 각
　설이가/ 죽지도 않고 또 왔네.

　품바타령에는 해학과 풍자가 있다. 사회적 폭력에 대한 풍자가 외적인 시선이라면 물신적 폭력에 대한 풍자는 내적인 시선이라고 할 수 있다. 두 시선에는 비꼼이라는 은근한 질타와 조소가 얽혀 있는데, 보는 자의 시선과 연출하는 자의 시선이 교묘히 엉기고 섞여 새로운 시각을 창출해낸다. 여기에 무대에서 연기하는 이의 시선이 덧붙여져 품바는 모두가 호흡하는 신명난 한판의 축제로 전이된다.

　품바가 이 시대 우리에게 말하고자 하는 것은 무엇인가. 약한 자를 귀히 여기고 허명을 경계하며 낮은 데로 임하라는 뜻이 아닐지. 성경 말씀에 "너희가 여기 내 형제 중에 지극히 작은 자에게 한 것이 곧 내게 한 것이라."는 구절이 있다. 핍박받고 애통한 자의 편에서 그들의 목소리에 귀 기울이며 탐심을 버리고 소유를 나누라는 말이다.

　우리 시대엔 낮은 자와 애통하는 자가 넘쳐난다. 품바는 그들을 향해 먼저 손을 내밀라고 한다. 모든 불의와 억압의 통치에 분명한 일침을 가하라고 요구한다. 정치적 수사가 아닌 진심으로 작은 자를 섬겨야 함도 언명한다. 그리하여 탐욕으로 가득찬 메마른 이 땅에 사랑의 강물이 흐르고 따뜻한 공의가 추상처럼 반듯하게 서기를 희구한다.

　김시라는 그런 세상을 꿈꾸고 열망했다. 그는 품바를 창시하고 연출

한 예인이었다. 그는 스스로가 품바이고 각설이였으며 허허로운 '거지'였다. 흐르는 물 같은 감수성을 지닌 시인이기도 하였다. 무안 일로에서 10남매 중 여섯째로 태어난 그는 평생 가난을 지고 살았다. 천성이 마이너요 아웃사이더였던 그는 그럼에도 늘 낮은 자의 편에 섰다.

품바를 기획하고 공연했던 고 김시라의 생가터.

품바는 1982년 초연 이래 4천여 회가 넘는 공연으로 국내 최다 공연 기네스북에 오르기도 했다. 지금까지 1대 품바 정규수를 필두로 수십 명의 품바가 탄생했다. 그들은 저마다 개성 있는 연기로 고달픈 서민의 삶을 위무했다.

오! 자네 왔능가 이 무정한 사람아

이런 저런 김시라에 관한 자료를 훑어보다 무안 일로읍에서 길을 잃었다. 행인들에게 물어물어 그의 생가를 겨우 찾았다. 잠시 걸인이 된 기분이었다. 김시라의 생가 터를 알리는 표지판은 초라하기 이를 데 없었다. 근래에 김시라 생가가 경매로 넘어갔다는 보도가 있어 더더욱 발길이 무겁다.

적산가옥 형태의 아담한 건물이 눈길을 끈다. 앞마당엔 아담한 정원이 펼쳐져 있다. 사람 사는 흔적은 있으나 정작 사람은 없다. 고양이 두 마리

품바의 산증인 김시라가 살았던 가옥. 뒤편 숲은 무겁고 서늘하다. 무질서 속의 질서, 고요 속의 긴장이 그의 외로운 넋과 함께 하고 있는지 모른다.

가 웅숭그리고 앉아 적의의 눈빛을 보낸다. 낯선 고요와 적막의 평화가 나무보다 더 많이, 수풀보다 더 무성하게 정원에 깃들어 있다. 단풍나무, 감나무, 사철나무, 야자수, 동백나무, 왕대나무, 느티나무가 서로 키를 낮추거나 굽힌 채로 서로를 품고 안으며 사람의 집을 지키고 있다. 그의 생가를 넉넉히 채우고 있다. 그는 어디에 있는가. 품바는 어디에 있는가.

뒤편 숲은 무겁고 서늘하여 낯설고 쓸쓸하다. 무질서 속의 질서, 고요 속의 긴장이 그의 외로운 넋과 함께 하고 있나 보다. 정원 오른 편에 작은 우물이 자리하고 있다. 우물은 말라 물빛은 시들고 깊고 어두운 그림자가 기다랗게 가라앉아 있다. 높은 자, 가진 자들의 위선과 탐욕을 통렬하게 질타하던 그의 결기만이 오롯이 남아 빈집을 지키고 있을 뿐이다.

불현 듯 그의 시 「오! 자네 왔능가」가 귓가를 물들인다.

오!
자네 왔능가
이 무정한 사람아

그래,
청풍(淸風)에 날려 왔나
현학(玄鶴)을 타고 왔나

자넨
묵(墨)이나 갈게
난
자우차(慈雨茶)나 끓임세.

― 「오! 자네왔능가」, 김시라, (1966년)

   그의 생가를 나오며 인간의 존엄을 생각한다. 우리는 너무도 많은 욕망에 길들여져 있다. 더 높이 오르려, 더 많이 가지려, 더 많이 지배하려 발버둥을 친다. 그리고 늘 그렇듯 공정과 공의는 가진 자들의 수사로만 그치고 만다. 낮은 자, 가난한 자, 소외된 자들의 삶은 더욱 곤고해지고 피폐해진다.
   버려라, 버려라, 그리고 낮아져라. 또 낮아지고 낮아져라. 빈곤의 질고를 지고 뒷걸음치는 이들에게 어쩌면 품바는 어둠 속의 한 줄기 빛과 같은 것인지 모른다.

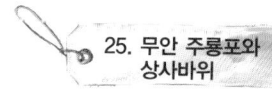

25. 무안 주룡포와 상사바위

신화가 되어버린 슬픈 영혼들

강은 그곳에 있었다. 강은 흐르는 게 아니라 그저 그곳에 있었다. 그 강물을 따라 또 한 계절이 아슬아슬하게 경계를 넘어간다. 푸른 산빛이 눈에 띄게 옅어진 것은 여름과 가을의 불편한 상거가 끝났다는 반증일 게다.

비로 몸피가 물어난 강은 사연 많은 여인을 닮았다. 푸른 산하에 사연 없는 강이 없을까 만은 이 남도의 강엔 유독 순정한 이야기들이 지천에 널려 있다. 강의 이야기는 그것의 속살만큼이나 고절하며 애련하다.

주룡포에서 이야기를 생각한다. 서사라는 문리의 언어 대신 이야기라는 민초의 언어를 택한 것은 강에 대한 정감 때문이다. 사무침과 기꺼움이 없다면 결코 주룡포로 발길을 돌리지 않았을 것이다.

나는 결벽의 고독을 즐기는 방외자가 아니며 저잣거리를 헤매는 삿갓 나그네도 아니다. 나는 그저 강과 살가운 정담을 나누고 싶은 무명의 작가일 뿐이다. 실타래를 잡고 미궁을 빠져나오는 신화 속의 인물 테세우스처럼 강의 물살을 더듬어 이야기를 건져 올리고 싶은 것이다.

무안 청호리 주룡나루. 저기 나루 오른편 너머에 상사바위가 있다. 오랜 세월 비바람에 씻기고 씻긴 바위는 전설이라는 명징한 언어로 남아 차마 이루지 못한 사랑의 비애와 곡절을 증거한다. 지독히도 사무치는 슬픔의 잔영, 상사(相思). 강은 사랑을 낳고 기르며 거둔다. 가혹한 운명에

아파하는 이들이 흘린 눈물로 강은 서툴듯 넘실거리나 보다

아주 오랜 옛날 머슴 총각이 주인집 딸을 짝사랑했다. 언감생심. 어찌 신분을 뛰어넘을 수 있겠는가. 신분이 장애가 되는 사랑은 내상을 남긴다. 물질이 가혹한 생채기를 남기는 오늘날의 사랑처럼 말이다. 불면의 시간은 흐르고 상념의 물살은 가혹하게 머슴을 매질하였다. 머슴은 보이는 것보다 보이지 않는 것을 봐달라며 부르짖었다. 그러나 보이는 세상은 보이는 것만 보기 마련이었다. 홀로 외치는 핍절한 사랑의 노래는 무심히 흘러가는 강물처럼 아스라이 사라져갈 뿐이었다.

얼마 후 상사병에 걸린 머슴은 구렁이로 변해버린다. 구렁이는 아침이면 똬리를 튼 채 아가씨 방을 기웃거린다. 그런데 아가씨가 볼 때는 사람의 얼굴로 변하였다가 다른 이들이 볼 때는 구렁이의 모습으로 변하였다. 불길한 징조가 삽시간에 마을을 뒤덮었다. 사람들은 마침내 모종의 계략을 세우기에 이른다. 그들은 상사바위 동굴 입구 양쪽 바위에 줄을 묶고는 아가씨를 담은 바구니를 매단다. 사랑하는 여인이 위험에 처한 것을 직감한 구렁이는 이내 바구니 안으로 들어간다. 그 순간 밧줄은 잘려지고 바구니는 시퍼런 주령협곡으로 떨어지고 만다.

슬픈낙화. 애절하다는 말은 단순히 독백으로 끝낼 언사가 아니다. 이 포구에 서서 담대하게 흘러가는 강줄기를 보노라면 신분을 뛰어넘지

무안 솥뚜껑섬의 전경.

못한 연인들의 상사에 절로 고개가 숙여진다. 빗방울이 듣는 강물 위로 그렇게 사랑은 피어나고 사랑은 지는가 보다.

　나는 상사바위를 바라보며 자문한다. 죽음을 뛰어넘을 만큼 애타는 사랑을 한 적이 있는가. 신분의 차가 더욱 강고해지는 이 시대에 우리는 어떤 사무치는 기억으로 사랑을 이야기하며 노래해야 하는가.

　눈을 들어 강물의 속삼임에 귀를 기울인다. 이 아름다운 포구에 그들은 죽어 전설을 남겼다. 전설이 되는 사랑은 가혹하며 가혹하기에 아름답다. 무명한 머슴의 사랑은 무명함으로 절절하며 울림을 낳는다. 격절과 애상의 꽃을 피운다.

무안 청호리와 영암 미교리를 잇는 다리.

편리와 문명은 순수한 사랑을 능멸하고

강 이편과 저편을 가로지르는 교량이 눈에 들어온다. 마지막 상판 연결만을 남겨둔 것으로 보아 공사는 거의 막바지 단계인 것 같다. 무안 청호리(淸湖理)와 영암 미교리(美橋理)를 잇는 이 주룡대교가 완공되고 나면 상사바위 전설은 영원히 '전설'에 묻혀버릴지 모른다. 편리와 문명은 더러 전설을 가두고 순수한 사랑을 능멸한다. 그러나 아이러니하게도 능멸은 내적인 부유와 고아한 상징을 배태한다.

비가 점점 굵어진다. 강은 벌건 황토빛으로 출렁이며 상사바위를 에돌아 흘러간다. 이곳은 강폭이 좁아 비가 오면 상류에서 내려온 황토물로 온통 붉은 빛이다. 영산강 하구언을 막기 전에는 목포 앞 푸른 바닷물이 밀려와 붉은 강물과 뒤섞여 경이로운 장관을 연출하였다 한다. 혹자는 여의주를 놓고 벌이는 청룡과 황룡의 진검승부를 보는 듯 했다며 감탄사를 연발한다.

비로소 강물에도 오묘한 색이 있음을 보게 된다. 강물은 여러 결의 물살이 섞여 다층의 색을 피워낸다. 그 모든 색의 질감을 껴안으며 궁극의 대해로 흘러간다.

주룡포 깊은 강심에 오래도록 마음의 낚시를 드리운다. 사랑이라는 바늘에 이끌려 딸려오는 고기들의 붉은 안구를 찬찬히 들여다보며 사랑에 관한 서사를 쓰고 싶다.

차츰차츰 물안개가 밀려온다. 어디가 하늘이고 강이며 산인지 분간이 되지 않는다. 숨 막히도록 쓸쓸한 가을의 한 날, 나는 사랑으로 가혹한 운명을 맞이하였던 상사바위의 주인공들에게 못 다한 편지를 쓴다. 못 다한 사랑노래를 부른다.

26. 영암 마한문화공원

청동인들의 잃어버린 꿈!

신묘(辛卯)년, 새해 벽두부터 발품을 팔아 남으로 향한다. 겨울의 풍경 속을 내달리며 신묘년 토끼를 생각한다. 토끼는 12간지 동물 중 풍요와 다산을 상징한다. 번영과 번창에 대한 인간의 욕망은 토끼뿐 아니라 다른 동물에게도 동일하게 투사된다. 그럼에도 토끼가 인간에게 가장 친숙한 동물로 다가오는 것은 잔꾀를 지닌 이미지 때문일 터이다. 간을 내놓으라는 용왕의 협박에 "육지에 두고 왔다"는 기지를 발휘, 가까스로 목숨을 보존한 토끼의 잔꾀는 단순한 기지를 넘어 생에 대한 열망으로 읽힌다. 생은 얼마나 많은 '잔꾀'의 사다리를 타고 올라야 하는 경주인가.

전남 영암군 시종면 옥야리는 청동기 문화의 응결체인 마한문화공원단지가 조성된 구역이다. 저무는 해의 잔광은 버려진 고대의 시간을 쓸쓸히 비추고 진초록 잎사귀로 무성하던 숲은 고요히 잠들어 있다. 한 시절 영욕으로 불타오르던 만유의 터는 그렇듯 무심하게 겨울 한철을 나고 있다.

이곳은 영암 신북면에서 발원한 삼포강이 나주 반남과 공산을 휘돌아 영산강 본류와 섞이는 여울목에 해당한다. 고대의 문화는 다분히 자연 지리적인 토대 위에서 꽃을 피웠을 것이다. 1950년대까지만 해도 남해포라는 포구가 있어 여객선이 자유롭게 왕래할 정도로 이곳은 바다와 내륙을 관통하는 수륙교통의 요충지였다. 그러나 영산강 하구언이 생기면서 유로는 본질적인 기능을 잃어버렸다. 경수가 끊긴 여인처럼 강은 더 이상 생명의 신화를 잉태할 수 없었다.

지난 시절의 사라진 영화는 역설적으로 마한의 시간, 마한의 문화를 불러왔다. 시간은 사라지지만 그 흔적은 오롯이 남아 스스로를 증명한다. 마한문화공원이 자리한 인근 지역에서 발견된 주거지와 고인돌은 당시 영산강 유역과 영암지역의 문화적 근거를 보여준다. 고인돌과 주거지는 청동기문화의 대표적인 유물로, 삶과 죽음이라는 인간의 본질적인 운명을 표상한다. 인간은 살아서든 죽어서든 온전히 자신을 담아내는 공간에 집착하는 미약한 존재인가 보다.

입구에서 바라본 마한문화공원 전경은 스산하되 평온하다. 얼핏 마한시대 '소도'라고 불리던 별읍의 풍경이 이와 같지 않을까 싶다. 당시에는 죄를 지은 도망자가 그곳에 들어오면 더 이상 추적하거나 내쫓지 않았다 한다. 소도는 절망에 빠진 사람을 넉넉히 품어주는 평화의 공간으로서의 기능을 담지하였다. 고대인들은 인간에 대한 예의의 출발이 너그러움이라는 사실을 인지하고 있었던 모양이다. 너그러움에 빚진 자들은 신당에 제를 올리고 죄를 참회함으로써 본래의 자아를 회복하였다.

온갖 무고와 투서가 난무하는 지금의 시대에 소도의 의미는 각별하게 다가온다. 세상은 없는 죄도 만들어 기어이 단죄를 하는 폭압의 시대로 바뀌어버렸다. 정의와 공생의 이면에 자리한 불의와 부정이 세상을 움직이는 한 축으로 작용하고 있다.

이 시대 우리의 소도는 어디에 있는가. 어쩌면 사람들은 저마다 마음 한켠에 작은 소도를 두고 있는지 모른다. 다른 누구도 아닌 오로지 자신의 잘못에 대한 합리화를 위해서 말이다.

유리알 구슬의 몽전(夢殿), 난생신화 모티프 투영

지난 시절에 쌓아온 죄를 털어내는 심정으로 '소도' 안으로 들어선다. 지구본 모양의 커다란 유리 전시관 앞에서 발걸음을 멈춘다. 시간의 경계가 허물어지는 4차원의 세계로 진입한 느낌이다. 투명한 전시관은 첨단과 신화라는 중층적인 이미지를 형상화한다. 세련되고 모던한 유리알 구슬엔 난생신화의 모티프가 투영되어 있다. 몽전(夢殿)이라고 명명된 현판이 지지하는 것은 고대인들의 제국에 대한 영원불멸한 꿈일 것이다.

몽전 내부에는 고대 묘제의 발달과정과 유물 발굴 체험관 등 여러 자

몽전은 거란족의 침략으로 위협에 처한 성종이 꿈속에서 백발의 수신을 만나 이곳으로 피하라는 음성을 듣고 안위를 보전하게 되었다는 일화에서 유래되었다. 꿈은 생명의 안위를 지켜주는 기제이자 공동체의 기원을 도모하는 신성한 계시였다.

료가 망라되어 있다. 옥야리 고분군, 남해당 지석묘군, 남해신사지, 토기 등의 유적은 마한 문화의 특성을 잘 보여준다. 이곳에서 마한은 역사 교과서에나 나오는 박제화 된 부족이 아니라 바로 눈앞에 입체적으로 현현된 제정일치의 국가로 존재한다.

마한은 삼한 가운데 가장 영토가 넓은 부족국가였다. 지금의 호남과 충청도 일부가 영토에 편입될 만큼 그 세가 만만치 않았다. 적어도 5~6세기 동안 백제와 어깨를 나란히 할 정도로 강력한 지배체제를 형성하고 있었다. 후한서 동이별전에 따르면 "마한은 서쪽에 있는데 오십사 국을 가지고 있었다"는 기록이 나온다. 이는 마한지역에 고도로 발달한 청동기 문화세력이 존재했다는 사실을 반증한다.

그러나 당시에 마한은 대외적으로 도전과 응전이라는 가변적 상황에 처해 있었다. 안으로는 54개나 되는 부족국가를 통합해야 했고 밖으로는 백제라는 왕조국가의 위협에 대처해야 했다. 중층적이면서 다원적인 이러한 역학관계는 끊임없는 충돌로 이어졌으리라는 예상을 하게 한다.

문헌에 따르면 마한인은 창과 활을 잘 다루었다고 한다. 아마도 주변의 정세에 따라 부족의 운명이 갈리는 시대였기에 이들은 본능적으로 전투에 대한 날선 감각을 지니고 있었던 것 같다. 이즈음에 쓰였던 청동검, 청동방패와 같은 무기는 이들에게 생존은 그 자체로 지난한 화두였음을 암시한다.

남해망루.

고대와 현재, 미래가 교신하는 송신탑 '망루'

몽전을 나와 제행로를 따라 남해 해신이 모셔진 사당으로 들어선다. 남해신사는 강원도 동해의 동해묘, 황해도 풍천의 서해단과 함께 우리나라 3대 해신제를 올리는 사당으로 고려 현종 때부터 바다와 관련된 제사를 지내는 곳이다.

일설에 따르면 거란족의 침략으로 위협에 처한 성종이 꿈속에서 백발의 수신(水神)을 만나 이곳으로 피하라는 음성을 듣고 안위를 보존하게 되었단다. 이후 성종은 이곳에 당을 짓고 영암, 강진을 비롯한 남도 6개 고을의 수령들에게 1년에 한 번씩 제를 지내게 했다는 것이다.

성종의 현몽은 이곳의 몽전과 모종의 관련이 있어 보인다. 꿈은 생명의 안위를 지켜주는 기제이자 공동체의 기원을 도모하는 신성한 계시

청동원무늬 거울.

였으리라. 어쩌면 마한의 꿈과 고려의 꿈은 다르지 않았을 터이다. 주변국과의 관계는 그들에게 늘 안위에 대한 꿈을 강제했을 터인데 힘의 역학은 부족의 장래와 왕조의 존립을 좌우하는 바로미터였을 것이다.

제행로에서 사당으로 이어진 길을 벗어나 남해망루로 직행한다. 비행접시를 형상화한 모습이 자못 이채롭다. 망루는 고대와 현재, 미래가 교신하는 송신탑이다. 이곳에는 시간의 경계가 없다. 망루에 올라 남쪽 바다를 향해 눈을 돌린다. 날씨 탓에 바다는 손에 잡히지 않고 휑한 바람만 망루를 쓸고 지나간다. 잃어버린 마한의 꿈을 속삭인다. 망루 어딘가에서 고대의 부족이 불쑥 튀어나올 것만 같다.

망루 앞에 펼쳐진 청동잔무늬거울 위로 햇볕이 쏟아진다. 아마도 고대인들은 미래의 어느 날 자신들의 삶을 조명해줄 신인류의 출현을 고대하며 저 빛나는 유물을 땅속 깊이 묻어두었는지 모른다. 영산강 상류 지석강변에서 출토된 청동무늬거울은 조형미의 극치를 드러낸다. 아름답다, 라는 형용사로는 온전한 수사를 대변하지 못한다. 기하학적 삼각문과 정밀한 동심원 무늬는 이들의 문화적 조예의 수준이 어떠한지를 짐작하게 한다. 마한의 족장은 가슴에 청동거울을 걸어 하늘과 인간을 매개했는데 이때의 빛은 길이자 진리를 표상하는 유일한 징표였을 것이다.

겨울은 서서히 그러나 완고하게 남도의 들녘을 지나고 있다. 남도의 겨울 들판은 토끼의 등처럼 유연하고 부드럽다. 청동인들의 잃어버린 꿈을 생각하며 겨울 들판을 걷는다. 허물을 벗어버리고 속살을 드러낸 풍경은 더없이 쓸쓸하다. 사람도 그러하리라. 생의 황혼에 다다라서야 비로소 본연의 표정과 내면의 한회가 드러나지 않는가.

불어오는 찬바람은 겨우내 이 산하를 매섭게 채찍질 하며 잃어버린 꿈에 대해 속삭일 것이다. 겨울의 빈 들판에 서서 오래도록 마루 너머를 응시한다.

27. 영암 구림마을

월출산의 영험한 광배(光背)가 서린······

영암 구림마을은 우리나라에서 가장 오래된 전통마을이다. 기원을 삼한시대로 추정한다. 유서 깊은 마을 뒤로 월출산의 영험한 광배(光背)가 서려 있다. 시간이 빚은 월출산의 기봉(奇峰)을 떠올리며 영암 구림마을로 진입한다.

그곳으로 가는 길은 '호남의 소금강'이라 불리는 월출산과 어깨를 마주하며 가는 길이다. 기기묘묘한 봉우리와 눈인사를 건네며 가는 길이다. 한 줄기 바람을 거느리며 아득한 피안을 향해 터벅터벅 걷는 여정이다.

최초의 한문소설 금오신화를 쓴 매월당 김시습은 "남쪽 고을에 그림 같은 산이 있으니, 달은 청천에서 뜨지 않고 이 산간에서 오르더라."는 말로 월출산의 풍광을 찬탄했다. 천재문인 김시습의 수사가 그리 경이롭지 않은 건 누구라도 이곳에 오면 그런 비유가 나올 것처럼 월출산의 산수가 수려하기 때문일지 싶다.

달만 산간에서 뜨겠는가? 해와 별도 그 어스레한 산등성이 너머로 존재를 드러낼 것이다. 빛나는 풍광이 이름값을 하는 건 산이 메인이 아니라 배경으로 존재하기 때문이 아닌지. 무엇이든 스스로 낮아짐으로 타자를 높이는 것은 아름답다. 주인공이 아니기에 조연도 아니다. 조연이 아니기에 주인공이 아닌 자는 역설적으로 천상천하 유아독존의 자유를 누릴 수 있다. 자신의 기를 다스리며 스스로 배경이 되는 산. 월출산은 바로 그런 산이다. 하여 월출산은 기꺼이 영암을 지키는 수문장이 된다. 월출산이 영암이고 영암이 월출산이 되는 것이다.

삼국시대에는 '월나악(月奈岳)' 고려시대에는 '월생산(月生山)'이라 불렀다 한다. 지금의 '월출산(月出山)'은 조선시대 이후로 불리게 되었다 하니 달과의 정분은 그리도 깊었나 보다. 그리하여 월출산은 봉우리마다 맺힌 '월과(月果)'로 그 존재감이 빛을 발한다.

2200년 전통의 마을, 현자의 이미지 묻어나

새해의 구림마을은 아늑하며 한갓지다. 마을 초입에서 밀려오는 고풍의 향기는 시린 바람 속에서도 선연하다. 전통의 한옥에선 시대를 달관하며 문리와 세상의 이치를 터득한 현자의 이미지가 묻어난다.

마을의 전모를 알기 위해선 야트막한 돌담을 따라 걸어야 한다. 돌담은 안과 밖의 경계를 무화한다. 세상에 쳐진 높은 옹벽이나 콘크리트 담에서는 느낄 수 없는 온후와 인정이 스며 있다. 세상과 벗하지만 섞이지는 않고 고결하지만 외곬은 아니다. 2200년 마을의 전통을 이어온 비결이 예서 비롯된 게 아닐까 싶다.

구림마을 유래에 얽힌 이야기는 1530년께 간행된 『신증동국여지승

구림마을 전경.

람』에 처음으로 나온다. 스토리는 설화와 민담의 영역을 교묘하게 넘나든다. 또한 일정부분 서사의 실재성을 담보하는데 이는 신화적 주인공, 즉 도선국사의 탄생과 연관되기 때문이다.

> 일설에, 근동에 신라사람 최씨가 살고 있었다. 어느 날 그의 집 정원에서 커다란 오이가 발견되었다. 그의 딸이 배가 고픈 나머지 몰래 오이를 따먹었다. 그런데 그만 임신이 되어 얼마 후 아이를 낳았다. 처녀가 아이를 낳았으니 그녀 부모는 기가 막힐 노릇이었다. 부모는 대숲에다 핏덩이를 내다 버렸다. 얼마 후 딸이 가서 보니 갓난아기 주위로 비둘기 떼가 모여 있었다. 비둘기는 저마다 날개를 편 채 아이를 덮고 있었다. 그 장면을 본 처자는 뭔가 범상치 않음을 느끼고는 아이를 데려다 길렀다. 후일 이 아이는 자라 설법을 전하는 스님이 되었는데 그가 바로 도갑사를 창건한 도선(道詵)이다.

구림(鳩林)의 유래가 비둘기 구(鳩)에, 수풀 림(林)인 건 이 때문일 것이다. 그러고 보면 도선이 태어난 곳은 '비둘기 집'이라 명명하여도 무방하지 않을까 싶다.

평범하지 않는 출생은 평범하지 않는 삶으로 전이된다. 기이한 인물은 출생부터 다르다는 점을 후일 도선의 삶이 증명한다. 그에게는 지리를 보는 혜안이 있었는데 산의 지세와 물줄기의 방향으로 길흉화복을 예언하였다. 그의 눈썰미는 지리, 역학, 천문을 넘나들었다. 바야흐로 풍수지리설이 그로부터 태동했다.

구림이 배출한 걸출한 인물은 수없이 많다. 일본에 논어와 천자문을 전해 아스카 문화를 꽃피우게 한 왕인박사도 이곳이 탯자리다. 그는 종이와 토기 제작술까지 열도에 전했다. 왕인박사가 없었으면 오늘날의 일본도 없다. 오늘의 일본은 왕인박사에게 빚진 바가 크다. 구림에는 왕인이 학문에 정진했던 문산재와 책굴이 있다. 또한 당시에 일본으로 떠나기 위해 배를 탔던 상대포라는 포구의 흔적이 고스란히 남아 있다. 지금은 오래된 누각이 하나 남아 당시의 번성했던 시간을 반추하고 있지만 거기에는 여전히 일본을 깨우쳤던 이의 공력과 자부가 깃들어 있다.

대동계 창설의 산파역을 담당했던 박규정과 천문에 뛰어났던 별박사 최지몽, 도갑사를 중건한 수미왕사도 구림이 낳은 '스타'다. 적어도 이곳에서 구림의 비둘기 구(鳩)는 단순한 문자적 기의를 넘어 시대의 선각자 내지는 시원으로 자리매김 된다.

토기의 투박한 조형과 자기의 유려한 미

구림의 명성은 도기로도 이어진다. 그만큼 흙이 좋다는 얘기다. 붉은 황토는 청동기 유물인 토기의 원료가 되었다. 영산강 주변에서 발굴된 적잖은 옹관도 모두 황토가 배토가 되었다는 사실을 의미한다.

일반적으로 도자기는 도기와 자기를 지칭한다. 8세기를 기점으로 이전의 그릇을 도기라 하며 이후의 것을 자기라 한다. 또한 도기는 800도 이하에서 한번, 자기는 1300도에서 두 번 구워진 그릇을 지칭한다. 구림의 도기는 일정부분 도기와 자기의 득성을 공유하고 있다. 단조로움

영암 도자기박물관 전경.

을 뛰어넘는 은은함이 깃들어 있다. 한마디로 옛날의 도기를 기반으로 한 현대화 된 도기라고 볼 수 있다.

그러나 구림의 도기는 타 지역의 그것과 견주어 몇 가지 특징이 있다. 태토(胎土), 굽는 온도, 시유(施釉)가 그것이다. 재료인 황토는 공극이 있어 굽는 과정에서 불순물이 산화된다. 붉은 흙을 태토로 녹갈색의 유약을 입힌 도기는 토기의 투박한 조형과 자기의 유려한 미를 드러낸다.

도기박물관 밖으로 나와 소담한 뜰을 거닌다. 뜰은 이곳의 풍후를 고스란히 담고 있다. 온후한 날씨와 담대한 지기가 온몸으로 전해진다. 마당 외진 곳에 서 있는 고목은 외롭고 초연하여 보는 이에게 경외감을 갖게 한다. 장독대를 유심히 들여다보며 이름 없는 도공들의 땀과 열정을 생각한다. 명예도 빛도 없이 오로지 도기 굽는 일에 모든 인생을 바쳤을 그들의 가없는 희생을 생각한다. 가난과 자유는 불가분의 함수관계에 있음을 그들은 모르지 않았을 거다. 영혼을 불살라 생명을 불어넣었던 도공들의 넋은 오늘의 구림마을과 월출산을 지키는 정령이 되었을지 모른다.

장독대 위로 새떼가 사뿐히 내려앉는다. 새들의 날갯짓은 서툴고 빈약하다. 한파 탓일까. 아니면 마을 숲에 둥지를 틀고 사는 탓에 야성을 잃어버린 때문일까. 저 새들이 그 새일까. 설화 속 주인공 최씨가 낳은 아이를 감싸 주었다던 신화속의 새들일지 모른다. 그러나 구구구, 라고 울어대지 않는 것이 비둘기는 아닌 모양이다. 이곳에 비둘기는 없다. 아니 구구구 소리가 없다. 구림마을에 비둘기는 없고 이름 모를 새들만 쓸쓸히 운다.

한겨울 오래된 묵향의 고을에서 나는 이름 없는 새처럼 자유롭다.

28. 영암 농업박물관

농도는 천하지대도(農道天下之大道)!

　나풀나풀 흩날리는 적설의 눈길을 걸어 농업박물관 안으로 향한다. 눈 덮인 박물관 뜰은 흰 찹쌀가루를 뿌려놓은 듯 세미하다. 눈 밟히는 소리가 "어느 먼 곳의 여인의 옷 벗는 소리"보다 관능적이고 적요하다. 시인 김광균은 설경에 대한 감응이 얼마나 예민했으면 그토록 기발하면서도 아름다운 묘사를 했을까.

　고려의 문장가 이규보는 눈 밟는 소리를 '옥구슬' 밟는 소리로 묘파했다고 한다. 한발 한발 발을 뗄 때마다 그의 비유에 절로 고개가 숙여지는 건 설경에 감응하는 놀라운 기재 때문일 것이다.

　그러나, 다시 눈을 돌리면 이곳에서의 눈 밟는 소리는 동화적이다. 뽀드득뽀드득, 사각사각, 뽀드득뽀드득, 사각사각……. 초가집, 장승, 허수아비가 소복하게 눈을 이고 있는 풍경은 영락없는 한 폭의 동양화다.

　눈 쌓인 풍경 가운데 절경을 꼽으라면 단연 고봉하게 눈을 얹고 있는 초가집일 게다. 설산이나 빙벽의 현란한 입체감과는 견줄 수 없는 순백의 아름다움, 젖무덤 같은 그 완만한 곡선은 모든 것을 융화하고 무화한다. 여백의 미, 곡선의 미, 이름 할 수 있는 모든 정미(精美)의 극치가

농업박물관 전경.

그곳에 있다. 오래 전 집을 떠나온 나그네의 발길도 돌려세울 원초적인 그리움이 배어 있다.

　은색의 비단결 같은 뜰을 걸어 그 다감한 눈밭을 걸어 박물관 본관으로 들어간다. 농업박물관은 농도인 남도를 상징하는 곳이다. 남도의 모든 숨결과 정신이 집약되어 있다. 이곳에선 '농도는 천하지대도(農道天下之大道)' 라는 의미가 결코 과장이 아니라는 사실과 마주하게 된다.

　박물관은 모두 3개의 전시실을 비롯하여 농경문화체험관, 남도생활민속실, 야외전시장으로 구성되어 있다. 무엇보다 농경문화의 발원과 이후의 발달 과정이 연대기별로 전시되어 있어 한눈에 농경의 역사를 가늠할 수 있다.

　제1전시실은 선사시대부터 청동기시대에 이르는 농경에 초점이 맞추어져 있다. 농업을 연대기로 구분하여 전시하였는데 계절별로 대표적인 농사일을 모형화한 것이 특징이다. 봄에는 써레질, 모내기, 여름에는 김매기, 물대기, 여름에는 피뽑기, 거름주기, 가을에는 추수하기 등 농촌의 정경을 대표하는 장면이 형상화되어 있다. 특히 영산강 유역의 대표적인 농업마을인 영암 구림마을의 옛 모습을 복원한 모형은 눈여겨 볼만하다.

　아마도 관람객의 흥미를 끄는 곳은 제2전시실일 것이다. 이곳에는 여러 형태의 농기구가 전시되어 있다. 가마니틀, 새끼틀, 자리틀, 국수틀에서부터 달구지, 지게, 따리 등이 전시되어 있다. 불과 한 세대 이전만 해도 마을 어디서나 흔하게 볼 수 있었다.

　그러나 지금은 시간의 흔적을 대변하는 소품으로 존재할 뿐이다. 세월에 밀리면 모든 것은 추억이라는 이름으로 박제된다. 우리들의 유전자 깊숙한 곳에 침잠해 있는 근원에 대한 추구는 결국 박제된 추억에 대한 그리움일지 모른다. 손이 없는 바람이 나무를 흔드는 것처럼 근원은 우리의 심장에 내재된 감성인자를 흔든다. 비루하고 남루한 삶의 갈피를 여미게 한다.

농사 도구는 저마다 독특한 이름을 달고 있다. 이름이 존재를 규정한다는 말을 빌리지 않더라도 도구의 이름은 그것의 쓰임을 대변한다. 가을농사에 쓰이는 도구들에선 하나같이 헛것을 날려버리고자 하는 농심이 읽혀진다. 바람개비, 키, 풍구……. 모두 허위와 거짓을 날려버리는 바람부채다. 팔랑거리는 날개에서 알곡과 가라지가 분명하게 갈리듯 세상의 부조리와 허위를 날려버리는 투명한 풍선(風扇)이 있었으면 좋겠다. 곡식은 취하되 검불은 허공으로 날려버리는 농부의 마음에서 '종말'의 심판자로 오실 그분이 떠올려짐은 지나친 비약일까.

제3전시실은 앞의 두 전시실과는 사뭇 다른 분위기다. 구조도 그렇고 스케일도 그렇다. 이곳 전시실의 주제는 영산강이다. 남도의 젖줄인 영산강의 개발 역사가 이전과 이후로 나뉘어 펼쳐져 있다. 영산강 개발 모형도, 하구언공사 모형도 등이 비교적 소상하게 설명, 재현되어 있다. 여기에는 개발과 환경이라는 이분법만으로는 재단할 수 없는 그 무언가가 있다. 한해와 수해를 방지하고 환경도 보존해야 하는 이율배반의 고민 같은 것일 터인데 인간과 강은 숙명적으로 조화를 이루어야 할 존재인 것만은 분명해 보인다.

농경문화체험관은 직접 관객과 소통할 수 있는 공간이다. 과거의 시

농업박물관 앞뜰.

간은 오늘과 분리되어 있지 않고 함께 공존한다. 전통이라고 불렀던 소소한 일상이 바로 지금이라는 시간 속에서 현재화된다. 다듬이, 물레, 물지게, 맷돌, 절구, 투호 등의 체험도구는 우리 안에 내재된 놀이와 노동에 대한 본능을 돌아보게 한다. 멀지 않은 과거의 친숙했던 우리의 모습이 고스란히 담겨 있기 때문이다.

야외전시장에서 눈여겨 볼만한 곳은 장승 군락이다. 장승을 만든 이들은 거창한 꿈이나 이상을 상정하며 조각하지는 않았을 것 같다. 장승은 장승다워야 한다. 매끈하거나 날렵하기보다는 투박하고 완만해야 한다. 이곳의 장승은 하나같이 해학과 초탈의 양감을 지니고 있다. 위선과 탐욕은 어디에도 배어 있지 않다. 비루하고 남루한 현실을 무화시켜버리는 절대 긍정은 거리의 장삼이사들에게서 볼 수 있는 무애의 미소다. 그것은 정련에 대한 고통을 벗어버린 석공의 손길이 빚은 참자유의 증거다.

30기가 넘는 돌장승, 나무장승을 바라보며 그런 생각이 든다. 이 누추하고 각박한 세상 살아가는 동안 장승같은 친구 하나 곁에 있다면 얼마나 좋을까. 사람들은 저마다 살기 위해 무던히도 애를 쓴다. 직장생활 밥벌이는 나름 숭고하지만 얼마나 비루한 고행의 과정이던가. 눈 덮인 박물관 풍경을 일별하며 마음 속 보석처럼 빛나는 친구를 떠올려본다. 문득 비루함을, 쓸쓸함을, 아픔을 말없는 미소로 받아주던 벗이 보고 싶다.

29. 목포 갓바위공원

노을에 물든 한 폭의 수채화

영산강하구언을 지나자 목포 앞바다가 펼쳐졌다. 남도 350리를 달려온 강은 그렇게 고단한 몸을 풀고 있었다. 바다는 모처럼 겨울 햇살을 받아 양명하고 부드러웠다. 그 바다 속살 깊이 남도의 이름 없는 계곡에서 발원하여 먼 거리를 에둘러 온 새색시 같은 영산강의 잔결이 스며 있을 거였다.

살랑거리는 바람을 거느리며 해안을 따라 걷는다. 먼 곳의 파도가 부드럽게 질벅거리며 부서진다. 청색의 치마폭이 실긋 흩날리는 듯하다. 그 서슬에 살아있는 모든 생명의 숨소리가 들려온다. 해가 이울수록 바다에 깃든 생명들도 기지개를 켜기 시작한다.

잔비늘로 출렁이는 암청색의 바다가 묻는다. 그대가 보았던 강은 어디에 있는가. 그 강이 진실로 이곳에 실재하는가. 바다가 강을 품고 강이 바다를 품는 순환의 고리는 여전히 진행 중이다.

갑판 위로 건져 올린 날생선의 이미지

갑판 위로 막 건져 올린 생선을 본 적이 있는가. 목포는 팔딱팔딱 뛰는 그런 날생선의 이미지를 지닌 도시다. 그러나 그 반대의 이미지도 품고 있다. 서리가 내리는 날 밤 교교하게 뜬 달빛의 처연함, 고도에 유배된 자의 뼈저린 격절감 같은 분위기도 감돈다. 그러므로 목포를 무수히 많은 섬들이 점재되어 있는 서남해의 항구로만 생각한다면 그것은 항도를 모르는 방외자의 선입견에 불과하다.

"목포는 항구가 아닙니다. 목포는 눈물입니다." 이곳에서 수년간 신문쟁이로 살아온 류용철 기자는 언젠가 술자리에서 그린 말을 했었다. 출생지가 내륙인 그의 입에서 뜻밖의 말이 흘러나왔던 것이다. 그는 기자생활 틈틈이 골목 구석구석을 누비더니 얼마 전에는 『목포 옛길을 찾아서』를 출간했다. 항구에 뿌리박지 못한 자 특유의 유화적 소원함을 풀어놓지 않았나 싶었는데 예상과 달리 그의 시선은 목포 내부를 직시하고 있었다.

목포는 눈물이라. 굳이 이난영의 불후의 명곡을 떠올리지 않아도 술과 사람을 좋아하는 그 풍류기자가 빗댄 비유는 나름 적확하게 핵심을 짚고 있는 듯했다. 거미줄처럼 얽힌 유달산 자락의 골목과 원도심의 골목 그리고 본정통 거리는 목포의 실핏줄이자 숨구멍이었으며 목포가 왜 눈물인지를 보여주는 생생한 증례였다.

일반적으로 목포는 두 개의 키워드로 집약된다. 구한말 개항의 도시이자, 박해와 소외의 항도가 그것이다. 일제가 침탈의 요충지로 이곳을 선택한 것은 아마도 대륙문화와 해양문화가 접맥되는 지점이라 수탈한 물자의 운송이 용이했기 때문이다. 또한 정치인 김대중으로 대변되는 소외와 인고의 이미지는 목포를 강인한 야성의 도시로 각인시켰다.

목포라는 지명의 유래는 여러 의미가 중층적으로 작용한 결과로 보인다. 지난 91년 목포문화원에서 발간한 『목포향토지』에는 현재의 지명을 갖게 된 유래에 대해 네 가지로 분류하고 있다. 해안에 수목이 울창하여 '나무의 포구'라는 뜻의 木浦로 불리게 되었다는 설, 예부터 목화가 많이 재배되었기 때문에 붙여진 목화설, 영산강의 목덜미에 해당되는 곳이어서 목덜미의 포구라는 의미의 목포, 마지막으로 원래의 지명은 영산강 상류의 어느 지점에 있었지만 특별한 연유에 의해 현재의 위치에 옮겨졌다는 설 등이 있다. 나름 일리가 있어 보인다. 아마 지명이 갖는 어의적 상징이 간단치 않아 그와 같은 유래들이 배태되었을 것이다.

널리 회자되는 소금장수 부자에 관한 설화

비린내가 번지는 항구는 가장 '목포스러운' 풍경이다. 앙꼬 없는 찐빵을 상상할 수 없듯 비린내 나지 않는 포구를 상정하기란 어렵다. 그러나 비린내에 비하자니 포구에 연하여 펼쳐진 하당 신도심은 모던하고 깨끗한 표정이다. 대형 건물과 아파트, 근대와 자본이 버성기듯 어깨를 견준 모습이 이채롭다.

갓바위는 그 정점에 서 있는 비경이다. 바다와 육지가 이합하여 빚은

갓바위.

결정체다. 시퍼런 파도는 득달같이 달려와 한차례 사랑을 나누고는 떠나버렸다. 그 강렬하고도 짧은 입맞춤에 몸이 달은 뭍은 이내 살과 뼈를 조금씩 허물어주기 시작했다. 사랑이 깊으면 그처럼 몸이 부서지는가 보다. 그러므로 몸이 결코 정신만 못하다는 말은 이곳에서는 통하지 않는다. 몸은 정신의 하위개념이 아니라 그 자체로 존중받아야 할 고귀한 그 무엇이다.

 마주보고 선 두 개의 갓바위는 사람의 형상을 한 사물이다. 사물의 생명력은 서사로 매개될 때 빛을 발한다. 서사의 생명력은 여러 버전으로 스토리가 증식될 때 당위성이 획득된다. 갓바위 전설도 그런 과정을 거쳐 의미있는 상징으로 자리 잡았을 것이다.

 어느 고을에 병든 아버지를 모시고 소금을 팔아 생계를 유지하는 젊은이가 있었다. 그는 아버지의 병을 치료하기 위해 부잣집 머슴으로 들어간다. 하루하루 열심히 일을 했지만 그는 품삯을 받지 못한다. 낙담한 나머지 집으로 돌아왔는데 아버지는 이미 차가운 시신으로 변해 있는 게 아닌가. 그는 불효를 한탄하며 저승에서나마 아버지를 양지바른 곳에 편히 쉬게 하려고 마음먹는다. 아버지의 시신을 수습해 산으로 가던 중, 불행하게도 발을 헛디뎌 관을 바다에 빠뜨린다. 불효자는 하늘을 볼 수 없다며 큰 갓을 쓰고 그 자리를 지킨다. 그리고 얼마 후 그는 숨을 거두고 만다. 그날 이후 두 개의 바위가 솟아났는데 사람들은 큰 바위를 아버지 바위로, 작은 바위를 아들바위로 부르게 되었다.

설화를 머릿속에 떠올리며 바닷가로 난 목책 길을 걷는다. 해류와 파도에 쓸린 갓바위의 모습은 초연하고 아름답다. 쓸쓸하되 외롭지는 않아 보인다. 고행과 고해의 인생길에 동행이 있기 때문일 터이다.

바다 저편으로 석양의 잔광이 보석처럼 쏟아진다. 노을에 물든 갓바위가 바다 위로 붉은 그림자를 드리운다. 입암반조(笠巖返照)! 석양에 반사된 갓바위와 인근의 입암산은 한폭의 수려한 채색화다. 저 멀리 하구언과 고하도가 노을빛에 스러져간다. 바다와 바다 사이에는 저렇듯 섬이 존재하나보다. 사람과 사람 사이에 깊은 강이 흐르듯 말이다.

터벅터벅 오던 길을 되짚어 가며 나는 마침내 섬이 된다. 사위가 점점 어두워진다. 검은 바닷가에 점점이 불을 밝힌 크고 작은 배들은 한 폭의 점묘화처럼 아름답다. 바다도 어둠에 젖는구나. 물큰하게 번져오는 비릿한 바다내음을 맡으며 나는 불빛 너머의 섬들을 나지막이 불러본다.

30. 목포 유달산

사공의 뱃노래가 들리는가

　유달산을 오르며 한 사내와 한 여인을 생각한다. 목포에 오면 그들이 떠오른다. 아니 그들을 생각해야 한다. 그것은 인간에 대한 예의를 넘어 인간에 대한 믿음의 차원이다. 이순신과 이난영. 성웅(聖雄)은 노적봉의 신화를 일구었으며, 예인(藝人)은 목포의 눈물로 많은 이들의 가슴을 적셨다.

　다시 유달산을 오르며 그들을 생각한다. 풍우가 빚은 봉우리를 바라보며 역사 속의 무인과 가인(歌人)을 떠올린다. 인생은 누구를 기리냐에 따라 내적인 부요가 갈리게 되는 여정인지 모른다.

　발 아래 펼쳐진 바다는 푸르고 유순하다. 본시 파도가 치지 않는 바다는 유한 법이다. 그러나 먼 바다에서 폭풍이 몰려올 때 파도는 사나운 짐승처럼 앙물한다. 그러한 날 바다는 뱃사람을 얕보며 뭍을 가해한다. 바다는 결코 호락호락하지 않는다. 모든 것을 받아들이는 대신 모든 것에 대해 날선 적대감을 드러낸다. 고요와 포효의 이 모순적 길항이 바다의 본성이다. 그러므로 파도를 가르며 나가는 배는 결코 항적을 길게 남기지 않는다.

목포 유달산에서 바라본 삼학도와 바다풍경.

유달산에서 먼 바다를 바라본다. 포구를 떠나는 배의 고동은 잔잔하며 사위의 풍경은 더없이 한가롭다. 이순신은 저 바다를 바라보며 잠 못 이루는 고뇌의 시간을 보냈을 것이다. 백척간두에 선 조선의 운명이 그의 발아래 놓여 있었다. 그는 야심가가 아니었다. 그의 본성은 맑고 고결하여 내면엔 일말의 탁의도 자리하지 않았다.

노적봉은 유달산을 지키는 수문장이다. 그 빛나는 봉우리에 암연히 눈길을 준다. 그리고 그 사람, 이순신(舜臣)을 생각한다. 그는 타고난 지략가였으며 덕을 겸비한 무인이었다. 간신들의 모략에 시달리면서도 의연함을 잃지 않고 자신의 길을 걸어간 무인이었다.

노적봉 신화는 군량미를 과장하기 위한 전략에서 비롯되었다. 이순신은 서해안으로 진격하는 왜선을 격파하기 위해 노적봉을 짚과 섶으로 둘렀다. 산더미처럼 쌓인 곡식을 보고 적들은 질겁했다. 때마침 영산강에 푼 횟가루로 바다는 쌀뜨물이 떠내려 온 것처럼 온통 새하얗다. 혼비백산한 적들은 제대로 싸워보지도 못하고 전의를 상실했다. 이역만리 해역의 푸른 바다가 적들의 무덤이 되었다.

승전의 그 밤, 이순신은 달빛에 물든 노적봉을 바라보며 곡주를 들이켰을 거였다. 그리고 그는 가까운 장래에 다가올지도 모를 가혹한 운명을 예감했을지 모른다. 승리를 승리로 인정하지 않고 모반의 연장선으로 곡해하던 모리배들이 조정에 넘쳐나던 시절이었다. 그들은 전쟁에 불비하면서도 파벌싸움으로 날을 샜다. 그 난맥의 틈바구니에서 무인은 외롭고 쓸쓸하였다. 그는 다만 칼을 쥔 자의 명예와 자존을 지키기를 소원했는지 모른다.

그러나 모리배들은 세 치의 혀로 그를 능멸하고 곡해했다. 그 밤에 곡주를 마시며 무인이 바라보았을 저 바다가 그 바다인가 싶다. 알 수 없는 낯설음과 생소함이 밀려온다.

민족의 설움과 핍절의 아픈 노래에 담아
　어디선가 내면을 저미는 가락이 바람에 실려 온다. 단조의 트로트는 비감하고 애련하다. 홀로 노적봉을 마주하며 조선의 앞날과 자신의 운명을 묵상하던 이순신의 가슴에 흐르던 심회의 곡조가 이러했을지 모른다.

　　　　사공에 뱃노래 가물거리면 삼학도 파도 깊이 스며드는데……

　「목포의 눈물」이 반복해서 산 중턱 어딘가에서 들려오고 있었다. 노적봉에서 그리 멀지 않은 곳이다. 예전에도, 아니 오년 전에도, 십년 전에도 유달산에선 늘 목포의 눈물이 들려왔다. 어쩌면 이순신과 이난영은 목포의 눈물을 매개로 윤회의 연을 맺고 있는지 몰랐다. 시대는 다를지언정 그들의 삶에는 일본으로 상징되는 치욕의 역사가 자리하고 있다.
　목포에서 나고 자란 이난영은 권번가에서 소리를 배워 가수로 성장한 입지전적인 예인이다. 그녀의 목청은 고아하고 서늘했다. 남도민의 심성 깊은 곳에 자리한 원형을 건드는 그 무언가가 깃들어 있었다. 사람들은 말한다. 그녀의 노래에는 일제에 침탈당한 우리 민족의 설움과 핍절했던

목포 유달산과 노적봉.

서민들의 아픔이 투영되어 있노라고. 그러므로 목포의 눈물은 목포만의 눈물이 아니다.

플라톤은 『국가』에서 '음악은 영혼과 성격을 형성한다'고 말했다. 굳이 위대한 사상가의 명언이 아니더라도 음악이 사람을 만드는 데에는 이론의 여지가 없다. 가락에는 한 인간의 생애를 꽃피우는 감성인자가 깃들어 있기 때문이다.

부두의 새악씨 아롱 젖은 옷자락 이별의 눈물이냐 목포의 설움…….

노래비는 유달산 중턱, 먼 바다를 굽어보는 자리에 오롯이 서 있다. 그곳에서는 노적봉뿐 아니라 저 멀리 영산강 하구언, 하당 신도심, 대불산단의 모습까지도 한눈에 들어온다. 뇌리에 영원히 인화해두고 싶을 만큼 그림 같은 풍경이다. 산허리를 휘감아 흐르는 곡진한 노래는 북항을 넘어 먼 바다에까지 메아리친다. 이쯤해서 플라톤의 말은 바뀌어야 할 것 같다. 음악은 풍경을 만든다, 라고.

잠시 눈을 감고 예를 갖춘다. 가락은 반복해서 이어진다. 목포의 눈물이, 아니 남도의 눈물이 환희의 눈물로 바뀔 날이 언제일까를 가늠한다. 저 멀리 기다란 항적을 남기고 떠나는 배만이 우문에 대한 답을 알고 있을지 모른다. 진정한 무인이 그리운 시대에, 진정한 '가왕(歌王)'이 그리운 시대에 유달산을 오르며 나는 그 답을 헤아려본다.